OBCHODNÍ ANGLIČTINA

Zn. Podmínkou

1. vydání

2000

© Ing. Jan Měšťan
© Nakladatelství J&M, Písek 2000
Sazba: Milan Job - DTP studio Příbram
Tisk: PBtisk Příbram

ISBN 80-86154-25-4

Vážení přátelé,

jazyková příručka, kterou jste právě zakoupili byla vytvořena na základě zkušeností autora s vedením obchodních jednání s anglicky hovořícími partnery.

Kniha je rozčleněna do několika částí obsahujících soubor praktických zásad anglické obchodní konverzace a korespondence. Na základě připomínek uživatelů našich jazykových příruček je doplněna užitečnými radami, které se týkají např. hledání práce, písemné žádosti o místo, psaní životopisu, průběhu přijímacího pohovoru...

Kniha je vhodná pro rozšíření nebo zopakování Vaší stávající slovní zásoby obchodní angličtiny.

Přejeme Vám mnoho úspěchů ve Vaší práci s našimi knihami.

Nakladatelství J&M

DESATERO PŘI HLEDÁNÍ PRÁCE

1. Hledáte-li práci, řekněte o tom všem svým známým i neznámým. Nikdy nevíte komu důležitému se o Vás zmíní.

2. Nebojte se ucházet o práci telefonickou cestou a zavolat potencionálního zaměstnavatele. Nejhorší co můžete na druhém konci uslyšet je „nemame zájem". Pouze si řekněte - jejich chyba.

3. Při písemné žádosti uvádějte na dopis jméno adresáta popř. název oddělení. Dopisy bez určení zmizí dost často v koši.

4. Neexistují přesně stanovené odpovědi na dotazy při přijímacím pohovoru. Berte pohovor jako konverzaci inteligentních lidí.

5. Nemějte obavy z toho, že jste ve škole nepatřili k premiantům. Zaměstnavateli je jedno, jestli jste měli ve druhém ročníku na střední škole jedničku ze zeměpisu. Chce především člověka, který je ochoten se dále učit a zdokonalovat ve prospěch firmy.

6. Buďte vytrvalí a nenechte se odbýt zápornými odpověďmi. Mnohdy jsou tyto odpovědi pouze výsledkem přílišného pracovního vytížení zaměstnavatele.

7. Nenechte se jen tak lehce odbýt.

8. K sekretářkám se chovejte vždy s úctou. Obvykle jsou to ony, které rozhodují.

9. Buďte svoji. Nesnažte se někoho napodobovat.

10. Pouhé rozesílání životopisu poštou a občasná návštěva úřadu práce nemá bez Vašeho aktivního přispění význam.

COVER LETTER PRŮVODNÍ DOPIS

Cover letter je jeden ze základních nástrojů Vašeho hledání práce. Jedná se o průvodní dopis, jehož hlavním cílem je vzbudit zájem potencionálního zaměstnavatele o Vaši osobu. Výsledkem dobře napsaného průvodního dopisu, který obvykle doprovází taktéž dobře sestavený životopis je pozvání na pohovor. Mějte na paměti, že průvodní dopis spolu s životopisem jsou Vašimi prvními „velvyslanci", kteří mohou rozhodujícím způsobem ovlivnit rozhodování možného budoucího zaměstnavatele.

Zde je několik tipů, jak napsat účinnou žádost o místo:

1. V dopise vyjádřete zájem o inzerované pracovní místo a vysvětlete proč zrovna Vy jste ta pravá osoba. (zkušenosti, znalosti, dosažené vzdělání, absolvované kurzy...)

2. „Ušijte" dopis na míru inzerovanému místu a firmě. Zjistěte si z dostupných zdrojů (noviny, internet, televize) co nejvíce informací o dané firmě.

3. Zmiňte se v dopise o tom, kde jste se dozvěděli o inzerovaném pracovním místě.

4. Pište pravdu, nic v dopisu nepřikrašlujte. V případě, že můžete do práce nastoupit k určitému datu, můžete tuto okolnost zmínit.

5. Ověřte si, zda jste správně uvedli v oslovení jméno a titul toho, komu je dopis adresován.

6. Uveďte kontaktní místa, kde je možné Vás zastihnout.

7. Poděkování na závěr dopisu je slušností.

8. Délku dopisu omezte pokud možno na jednu stránku.

9. Nechte dopis přečíst dobrým přátelům a zeptejte se na jejich názor.

10. V případě, že si nejste jisti některými gramatickými jevy, požádejte učitele češtiny o kontrolu dopisu (i životopisu).

COVER LETTER   PRŮVODNÍ DOPIS

                    Jana Nováková
                    Dlouhá 15
                    120 00 Praha 2
                    tel: 0606 111 111
                    e-mail: jana.novak@hallo.com

Dr. John Blackmore
Manager of Human Resources
Business Investments Inc.
1045 Grand Forks
North Dakota, ND 123 676

June 18, 2000

Dear Dr. Blackmore,

I am applying for the position of merchandise analyst, which was advertised May 5 with the career services center at the University of Economics Prague. The position seems to fit very well with my education, experience, and career interests.

According to the advertisement, your position requires excellent communication skills, computer literacy and a B.S. degree in business, economics, or finance. I will be graduating from the University of Economics Prague this months with a B.S. degree in finance. My studies have included courses in computer science, speech communications and business writing. I understand the position also requires a candidate who works well under pressure and is able to deal with people in departments throughout the firm.

The enclosed Curriculum Vitae elaborates on the details of my skills and experience.

I'd appreciate the chance to meet with you to discuss how I could be a vital part of your operation. You may reach me at the above telephone number or e-mail address.

Thank you for your consideration.

Sincerely

I am applying for	*ucházím se o*
fit very well	*velice dobře odpovídá*
according to ...	*podle...*
communication skills	*komunikační schopnosti*
the position also requires	*místo také vyžaduje*
work under pressure	*pracovat pod tlakem*
deal with	*jednat s*
elaborates on the details	*popisuje podrobnosti*
I'd appreciate the chance	*ocenila bych možnost*
be a vital part	*být důležitou součástí*

CURRICULUM VITAE   ŽIVOTOPIS

Životopis podrobněji popisuje Vaši osobu a spolu s průvodním dopisem vytváří první dojem, který si o Vás zaměstnavatel udělá. Dobře napsaný životopis Vám práci samozřejmě nezaručí, ale špatně napsaný Vám určitě přibouchne dveře hned na začátku. Na základě posouzení údajů z životopisu padne konečné rozhodnutí, zda budete pozváni na pohovor či nikoliv

Životopis obsahuje:

1. Údaje o Vaší osobě.
2. Trvalou adresu včetně kontaktů na Vás.
3. Dosažené vzdělání (od současnosti zpět).
4. Průběh zaměstnání (od současnosti zpět).
5. Jazykové znalosti.
6. Ostatní dovednosti (uvádějte takové, které souvisí s inzerovaným pracovním místem).
7. Jiné (ochota cestovat, řidičský průkaz, možnost nástupu do práce...).
8. Reference - uvádějte pouze se souhlasem uváděného popř. uveďte „**References furnished upon request**" - reference dodány na požádání.
9. Koníčky a zájmy.
10. V poznámkách možno uvést věci, které přímo do životopisu nepatří, ale mohou ovlivnit Vaši práci (např. práce v nekuřáckém prostředí).

Co do životopisu neuvádět:

1. Nezkreslujte své vzdělání a zkušenosti.
2. Neuvádějte důvody pro změnu pracovního místa (jistě na to přijde řeč při pohovoru).
3. Neuvádějte osobní údaje jako např. výšku, váhu, rasu, náboženství... .
4. Není nutné uvádět přesná data, roky popř. měsíce postačí.
5. Pokud Váš současný zaměstnavatel neví o Vašem záměru změnit pracovní místo, neuvádějte do životopisu jeho telefon nebo e-mail.
6. Neuvádějte výši dosavadního platu ani Vaše představy. Při pohovoru jistě padne otázka týkající se peněz.

CURRICULUM VITAE (ŽIVOTOPIS)

PERSONAL DATA (osobní údaje)

Family Name: Nováková
First Name: Jana
Date of Birth: 29.09. 1978
Place of Birth: Písek
Nationality: Czech
Sex: Female
Marital Status: Single

PERMANENT ADDRESS (trvalá adresa)

Address: Dlouhá 15, 120 00 Praha 2
Country: Czech Republic
Phone Number: 0606 111 111
e-mail: jana.novak@hallo.com

EDUCATIONAL BACKGROUND (dosažené vzdělání)

University Name: University of Economics Prague
Address: nám. W. Churchilla 4, Praha 3
Expected on: June 2000
Degree: B.S. Finance Marketing

EMPLOYMENT HISTORY (průběh zaměstnání)

Name: Bond&Partners
Address: Krátká 12, 135 00 Praha 3
From: 1998
To: 2000
Position: Part Time Accountant
Reason for Leaving: To finish my studies

LANGUAGES (jazykové znalosti)

1 - English **Spoken:** Very Good **Written:** Very Good **Read:** Very Good
2 - German **Spoken:** Very Good **Written:** Very Good **Read:** Very Good
3 - Arabic **Spoken:** Very Good **Written:** Good **Read:** Good

ADDITIONAL SKILLS (ostatní dovednosti)

Photography, Computer Skills (Lotus, Excell, Word, Internet Services), Communication Skills

OTHER (jiné)

Willingness to Travel: Yes
Availability: Availability for Employment August 2000
Licenses Available: Driving License

REFERENCES (reference)

Name	Ing. Jiří XYZ	Dr. Jan ABC
Occupation	Computer Constructor	Associate Proffessor
Address	University of Economics	University of Economics
Telephone	00420 2 123 321	00420 2 234 432

ACTIVITIES AND HOBBIES (koníčky a zájmy)

Ecology, Tennis, Swimming, Pétanque - member of the National Czech Team 2000

REMARKS (poznámky)

Nonsmoker

INTERVIEW PŘIJÍMACÍ POHOVOR

Příprava na pohovor:

1. Ujistěte se zda víte, který den, v kolik hodin a kde se pohovor koná, jak se jmenuje vedoucí pohovoru.
2. Pokuste se získat co nejvíce informací o firmě prostřednictvím tisku, rozhlasu, televize, internetu, známých...
3. Procvičte si se svými známými nebo příbuznými otázky a odpovědi, které u pohovoru očekáváte.
4. Včas si večer připravte šaty včetně spodního prádla. Snažte se vypadat elegantně, ne však vyzývavě, nepoužívejte silné parfémy, neplýtvejte šperky.
5. Prověřte si jak se na místo pohovoru v klidu dostanete. Dostavte se na místo cca. 10 minut před zahájením, abyste si stačili urovnat myšlenky a chytit dech.
6. Neberte s sebou více zavazadel než je nutné. Soustřeďte se především na pohovor.
7. Pokud máte s sebou přinést doklady o vzdělání či reference, připravte si je večer předem.
8. Při příchodu se ohlaste recepční nebo sekretářce, aby věděla, že jste již dorazili a dojděte se na toaletu upravit ...

Jak se chovat u pohovoru:

1. Čekejte, dokud Vám není nabídnuta židle. Seďte klidně, obě nohy na podlaze, lehce se nakloňte k vedoucímu pohovoru.
2. Nehrajte si s rukama či s vlasy. Ruce z kapes!
3. Nevytvářejte mezi Vámi a vedoucím pohovoru bariéry např. taškou na klíně, překříženýma rukama na prsou nebo překříženýma nohama.
4. Dívejte se vedoucímu pohovoru do očí, ale nehypnotizujte ho. Je-li v místnosti více lidí, dívejte se na toho kdo mluví.
5. Pokud mluvíte, klouzejte pohledem z jednoho přítomného na druhého.
6. Nepoužívejte přespříliš ke zdůraznění svých slov gestikulaci.
7. Nepomlouvejte svého současného nebo předchozího zaměstnavatele.

8. Jste-li dotázáni na platové představy, sdělte rozumnou částku, ale zdůrazněte, že Vám jde především o možnost získat nabízenou práci.
9. Mluvte jasným a pevným hlasem, nehuhlejte.
10. Ale především buďte přirození.

Závěr pohovoru:

1. Buďte aktivní. Projevte znovu svůj zájem o nabízené místo tím, že se budete zajímat o další postup.
2. Pokud získáte dojem, že pohovor neprobíhá dobře, nedejte tuto skutečnost na sobě znát. Buďte klidní, milí a profesionální. Možná, že Vám bude ve firmě nabídnuta jiná práce, která lépe odpovídá Vašemu naturelu.
3. Každý pohovor a setkání s novými lidmi je zdrojem nových zkušeností, i když zrovna požadovanou práci nezískáte.

OTÁZKY VYSKYTUJÍCÍ SE U POHOVORU

Why did you choose this profession?	*Proč jste si vybrala toto zaměstnání?*
Why are you interested in the position?	*Proč máte zájem o to místo?*
What aspect of the job announcement interested you the most?	*Která stránka z inzerátu o pracovním místě Vás nejvíce zaujala?*
What can you contribute to our company?	*Čím můžete přispět naší firmě?*
What do you know about our company?	*Co víte o naší firmě?*
Why do you want this job and how does it fit you?	*Proč chcete tuto práci a jak Vám vyhovuje?*
In comparision to your current position, what do you think will be different in your new position?	*Co si myslíte, že bude odlišné ve Vaší nové práci ve srovnání s Vaší současnou prací?*

Why should we give you a chance to perform in this job?	Proč bychom Vám měli dát šanci vykonávat tuto práci?
What challenges do you think that you will face in moving from your current position to this position?	Jaké myslíte, že před Vámi budou úkoly při přechodu z Vašeho současného místa na toto místo?
Knowing our organization and the position that you are interviewing for, where can you make the greatest contribution?	Když znáte naši organizaci a místo, kvůli kterému jste na pohovoru, kde můžete Vy nejvíce přispět?
What salary are you seeking?	Jaký plat hledáte?
Why should we pay you the salary that you are seeking?	Proč bychom Vám měli vyplácet takový plat jaký hledáte?
What is the most attractive aspect of the job you are interviewing for?	Jaká je nejpřitažlivější stránka práce, kvůli které jste dotazována?
In order to successfully meet the responsibilities of this position, which of your personal qualities will be of the greatest benefit?	Abyste úspěšně plnila povinnosti v této práci, která z Vašich osobních vlastností bude nejprospěšnější?
What aspect of our organization has the greatest appeal for you?	Která stránka naší organizace se Vám nejvíce líbí?
How will the job you are interviewing for, fit into your career plans?	Jak bude práce, kvůli které jste dotazována zapadat do Vašich profesních plánů?
What do you think your responsibilities will be if you're hired?	Jaké si myslíte, že budou Vaše povinnosti, když budete přijata?
Our company is more widely recognized than the current company that you are working for, why do you think that is?	Naše společnost je uznávanější než společnost pro niž v současnosti pracujete, proč si myslíte, že tomu tak je?
Why should we hire you instead of the other candidates?	Proč bychom Vás měli přijmout místo ostatních kandidátů?
How has your education prepared you for this position?	Jak Vás připravilo Vaše vzdělání na tuto práci?

FIRST CONTACTS

PRVNÍ KONTAKTY

GREETINGS AND INTRODUCTIONS

PŘIVÍTÁNÍ A PŘEDSTAVENÍ

Hello. Good morning. Good evening.

Dobrý den. Dobré ráno. Dobrý večer.

Come in, please.

Pojďte, prosím, dále.

Please sit down.

Posaďte se prosím.

We welcome you to our company (home, office, etc.)

Vítáme Vás v naší firmě (doma, kanceláři atd.)

I am glad to see you.

Jsem rád, že Vás vidím.

Let me introduce to you Mr...

Představuji Vám pana...

Please allow me to introduce to you my colleague, Mr...

Dovolte mi, abych Vám představil svého kolegu, pana...

Let me introduce myself to you. I am...

Dovolte, prosím, abych se představil. Jsem...

Let me introduce to you the members of our company.

Dovolte mi, abych Vám představil členy naší firmy.

Let me introduce to you our director. This is...

Představuji Vám našeho ředitele. Jmenuje se...

I am pleased to meet you.

Velice mě těší.

I am happy to have made your acquaintance.

Bylo mi potěšením, že jsem Vás poznal.

I am pleased to make your acquaintance.

Je mi potěšením, že Vás poznávám.

PARTINGS

ROZLOUČENÍ

Good-bye. I hope to see you again soon.

Na shledanou. Brzy nashledanou.

Take care.

Mějte se dobře.

Have a good trip.

Šťastnou cestu.

Good luck.

Mnoho štěstí.

Come again soon.	*Přijeďte zase brzy.*
Thank you for your visit.	*Děkuji Vám za Vaši návštěvu.*
I hope you have a safe trip.	*Přeji Vám příjemnou cestu.*
Give my regards to everyone in your company.	*Pozdravujte ode mne ve Vaší firmě.*

EXPRESSIONS OF GRATITUDE / PODĚKOVÁNÍ

Thank you.	*Děkuji. Děkuji Vám.*
Thank you again.	*Ještě jednou děkuji.*
Thank you very much.	*Děkuji mnohokrát.*
Thank you so much for your help.	*Srdečný dík za Vaši pomoc.*
Thank you. You are very kind.	*Děkuji, jste velmi laskav.*
I am much obliged to you.	*Jsem Vám velmi zavázán.*
Don't mention it.	*Není zač! Nestojí to za řeč.*
You are welcome. I was happy to do it.	*Prosím, rádo se stalo.*
You need not thank me.	*Nemluvme již o tom.*
I was happy to do it.	*Rád jsem to udělal.*

APOLOGIES / OMLUVY

Excuse me, please.	*Promiňte, prosím.*
Please forgive me.	*Prosím za prominutí.*
I did not do it gladly.	*Udělal jsem to nerad.*
Excuse me please, I did not want to bother you.	*Promiňte, nechtěl jsem Vám ublížit.*
Please don't take this the wrong way, but...	*Nic ve zlém, ale...*
I am truly sorry.	*Je mi to velmi líto.*

I really must apologize to you.	Musím se Vám omluvit.
Excuse me for bothering you.	Promiňte, že Vás vyrušuji.
It does not matter.	Prosím, to nevadí.
Please do not bother yourself about it.	Nic si z toho nedělejte.

EXPRESSIONS OF REGRET	**POLITOVÁNÍ**
That's a shame!	Škoda!
What a shame!	Jaká škoda!
That is a great shame!	To je velká škoda.
That is very unfortunate.	To je velmi mrzuté.
I am very sorry about it.	Velice toho lituji.
I am truly very sorry about it.	Je mi to opravdu líto.

EXPRESSIONS OF SURPRISE	**ÚDIV**
Really? Truly?	Opravdu? Skutečně?
Do you mean that seriously?	Myslíte to vážně?
Seriously?	Vážně?
You don't say!	Co neříkáte!
That's unbelievable!	To by člověk nevěřil!
Who'd have thought!	To bych si nebyl pomyslel!
It can't be!	No tohle!
I've never heard of such a thing!	To je neslýchané!
I'm astonished!	Já žasnu!
What a surprise!	Tedy přece!

EXPRESSIONS OF SATISFACTION

That's great! Excellent!
That's fantastic! Wonderful!
That pleases me very much.
That's the right way.
I'm glad to hear it.

USPOKOJENÍ

Výborně! Znamenitě!
To je znamenité, báječné!
To si nechám líbit!
Tak je to správné.
To rád slyším.

EXPRESSIONS OF INDIGNATION

That's horrible!
What a scandal!
That's shameful!
That's too much!
Shame on you!

ROZHORLENÍ

To je ohavné!
To je skandál!
To je ostuda!
To je pro mne trochu silné!
Styďte se!

AFFIRMATIVE ANSWERS

Yes.
Of course. Naturally.
With pleasure.
Certainly.
Without a doubt.
That's understood.
That's true.
That's right.
You are right.
That is certain.
I have the same opinion as you.

KLADNÉ ODPOVĚDI

Ano.
Samozřejmě. Přirozeně.
S radostí.
Zcela určitě.
Bez pochyby.
To se rozumí samosebou.
To je pravda.
To je správné.
Máte pravdu.
To je jasné
Jsem téhož mínění jako vy.

NEGATIVE ANSWERS

No, not at all.	*Ne, vůbec ne.*
No way.	*Naprosto ne.*
Never.	*Nikdy.*
That's out of the question.	*Vyloučeno.*
In no case.	*V žádném případě.*
Under no circumstances.	*Za žádných okolností.*
I have no idea.	*Ani zdání.*
You are mistaken.	*Mýlíte se.*
On the contrary.	*Naopak.*
That's not possible!	*To není možné!*
That's unbelievable!	*To je neuvěřitelné!*
I doubt that.	*O tom pochybuji.*

ZÁPORNÉ ODPOVĚDI

INDEFINITE ANSWERS

Yes and no.	*Ano a ne.*
You could say that.	*Lze to říci tak i tak.*
Maybe.	*Snad. Možná.*
It appears that way.	*Zdá se, že je tomu tak.*
I am not certain.	*Nejsem si zcela jist.*
It's difficult to decide.	*Je těžké rozhodnout.*
It's not clear.	*To je nejisté.*
I have not really thought about it yet.	*Ještě jsem o tom nepřemýšlel.*
I'm afraid that you are mistaken.	*Obávám se, že se mýlíte.*
That is also possible.	*Může to být také tak.*

VYHÝBAVÉ ODPOVĚDI

MODELOVÉ SITUACE ROZHOVORŮ

Our orders will not allow us to...	*Naše zakázky nám nedovolí...*
We are surprised...	*Jsme překvapeni...*
We are amazed...	*Jsme udiveni...*
It goes without saying that...	*Je samozřejmé, že...*
It is clear that...	*To je jasné, že...*
We offer you...	*Navrhujeme Vám...*
We would like to discuss...	*Chtěli bychom prodiskutovat...*
We are in agreement with...	*Ve shodě s...*
Let us deduce from this, that...	*Vycházejme z toho, že...*
I do not fully understand what...	*Nerozumím zcela, co...*
I am afraid that I did not understand what...	*Obávám se, že jsem neporozuměl, co...*
We are terribly sorry, but...	*Nezlobte se na nás, prosím, ale...*
Do not take this the wrong way, but...	*Nic ve zlém, ale...*
There is great interest in...	*Je velký zájem o...*
Could you prove that...	*Mohl byste dokázat, že...*
Could you present evidence to the effect that...	*Mohl byste podat důkaz o tom, že...*
It is incomprehensible that...	*Je nepochopitelné, proč...*
There is no point in...	*Nemá význam, zda...*
It is not important to...	*Není důležité, zda...*
You neglected to...	*Nedbali jste toho, že...*
Unfortunately we had to say that...	*Bohužel jsme museli konstatovat, že...*
In no case is it...	*V žádném případě, neboť...*
We are forced to state that...	*Jsme nuceni konstatovat, že...*

We must discuss this question again...	Musíme o této otázce ještě jednou hovořit...
It is not possible...	Není možné...
It is out of the question...	Je zcela vyloučeno...
I would like to add that...	K tomu bych chtěl připojit, že...
In this regard I would like to remark that...	K tomu bych chtěl poznamenat, že...
It is a question of...	Jde o...
I think that...	Domnívám se, že...
It is my opinion that...	Jsem toho názoru, že...
In my opinion...	Podle mého názoru...
We look forward to...	Těšíme se, že...
I am pleased that...	Jsem potěšen, že...
I am of the same opinion and that is that...	Jsem téhož názoru, že...
I am not of that opinion, for the reasons that...	Nejsem toho názoru a to z důvodů, že...
I am fully convinced that...	Jsem plně přesvědčen, že...
It is not within your competence to...	To Vás neopravňuje k tomu, abyste...
Excuse me, but...	Promiňte, ale...
I must object to you that...	Musím Vám namítnout, že...
It can be objected that...	Proti tomu lze namítnout, že...
Please take into consideration that...	Vezměte prosím na vědomí, že...
We would like to stress that...	Chtěli bychom zdůraznit, že...
That means that...	To znamená, že...
As a consequence of this...	Z toho vyplývá, že...
I am however informed that...	Já jsem ale informován, že...

You are undoubtedly informed of that fact that...	Vám je jistě známo, že...
Unfortunately we must say that...	Bohužel musíme konstatovat, že...
We request that...	Žádáme, aby...
Did you take into consideration the fact that...?	Vzal jste v úvahu skutečnost, že...?
We are willing to...	Jsme ochotni...
We insist that...	Trváme na tom, aby...
Would it not be advantageous if...?	Nebylo by výhodné, kdyby...?
Hopefully we are able to...	Doufejme, že jsme s to...
Hopefully you have the option of...	Doufejme, že máte možnost...
I think that...	Myslím, že...
I see no reason to...	Nevidím důvod k...
I am not responsible for...	Nejsem odpovědný za...
So you admit that...	Takže Vy přiznáváte, že...
Do you agree that...	Souhlasíte, že...
I thank you for...	Děkuji Vám za...
We are grateful to you for...	Jsme Vám vděčni za...
We considered the fact that...	Vzali jsme v úvahu, že...
Please allow me to add that...	Dovolte mi ještě doplnit, že...
We are here today to...	Jsme zde dnes, abychom...
I'd like to start by saying...	Úvodem bych rád řekl...
As I said earlier...	Jak jsem již dříve řekl...
The reason we are here is to...	Důvod proč jsme tady je...
I'd like to say that...	Rád bych řekl, že...
My point of view is that...	Moje stanovisko je, že...
To be more specific...	Abych byl konkrétnější...
You should know that...	Měl byste vědět, že...

What I am trying to say is that...	Co se snažím říci je to, že...
It's important to distinguish between...	Je důležité rozlišovat mezi...
I want to underline the fact that...	Chci zdůraznit fakt, že...
There is no doubt that...	Není pochyb, že...
I am completely sure that...	Jsem zcela přesvědčen, že...
I think it would be a good idea if we...	Myslím, že by bylo dobré kdybychom...
What do you think of...?	Co si myslíte o...?
Can we now look at...?	Mohli bychom se teď podívat na...?
What I'd like to know is...	Co bych rád věděl je...
Correct me if I'm mistaken, but...	Opravte mne pokud se mýlím, ale...
I agree with you to a certain extent, but...	Do určité míry s Vámi souhlasím, ale...
I'd like to say something about...	Rád bych řekl něco o...
Let me digress for a moment...	Dovolte, abych na chvíli odbočil...
It must also be remembered that...	Musí být také pamatováno, že...
A good example of this is...	Dobrým příkladem toho je...
As an example of this...	Jako příklad toho...
It is also true that...	Je také pravda, že...
Going back to what I was saying...	Zpět k tomu, co jsem řekl...
In other words...	Jinými slovy...
Now let's have a look at...	Nyní se podívejte na...
In conclusion, I'd like to...	Na závěr bych rád...
We are prepared to offer...	Jsme připraveni nabídnout...
The only proviso is that...	Jedinou podmínkou je, že...
We can agree, provided...	Můžeme souhlasit za předpokladu...

USTÁLENÁ OBCHODNÍ SPOJENÍ A VAZBY

to establish business/trade relations	*navázat obchodní spojení*
to expand the selection	*rozšířit sortiment*
to bring to market	*uvést na trh*
to state delivery time	*uvést dodací lhůtu*
to count on an order	*počítat se zakázkou*
to send as an express parcel	*poslat jako spěšninu*
to discuss the possibility of delivery	*prohovořit dodací možnosti*
to fulfil the requested conditions	*splnit požadované podmínky*
to be engaged in selling	*zabývat se prodejem*
to be flooded with orders	*být přetížen zakázkami*
to be bound by contract	*být smluvně vázán*
to note down a demand	*poznamenat poptávku*
to offer on the following terms and conditions...	*nabízet za následujících podmínek...*
to refer to a visit	*odvolávat se na návštěvu*
the price includes...	*cena zahrnuje...*
to charge extra	*účtovat zvlášť*
to grant a discount	*poskytnout slevu*
to give a credit on the price	*připsat cenu k dobru*
to grant a rebate	*poskytnout rabat*
to assess market opportunities	*posoudit odbytové možnosti*
to communicate at the earliest opportunity	*sdělit obratem*
to prepare goods for shipping	*připravit zboží k odeslání*
to have a limited quantity in stock	*mít na skladě omezené množství*

to deliver as soon as possible	*dodat co nejdříve*
to order on trial	*objednat na zkoušku*
to agree with the price	*být srozumněn s cenou*
to effect partial deliveries	*uskutečnit dílčí dodávky*
to provide an export license	*opatřit vývozní licenci*
to execute an order	*vyřídit zakázku*
to advise of delivery in a timely manner	*včas avizovat dodávku*
to find a market outlet	*nalézt odbyt na trhu*
to offer favourable payment terms	*poskytnout výhodné platební podmínky*
to agree to a transaction	*přistoupit na obchod*
to deliver goods on time	*dodávat zboží v termínu*
to warrant fully	*plně ručit*
the goods are ready for sending	*zboží je připraveno k odeslání*
to send within the agreed-upon time/period	*zaslat v ujednaném termínu*
to send off goods	*odesílat zboží*
to refund a sum of money	*uhradit částku*
to pay by letter of credit	*platit akreditivem*
to speed up delivery	*urychlit dodávku*
to meet the agreed-upon quality standard	*odpovídat sjednané kvalitě*
to discover defects	*zjistit vady*
to promise to meet the deadline	*přislíbit dodržení termínu*
to charge an account with...	*zatížit konto...*
to create costs in the amount of...	*zapříčinit náklady ve výši...*
to seek full compensation	*žádat plnohodnotnou náhradu*
to deliver the missing amount	*dodat chybějící množství*

to consider a claim justified	považovat reklamaci za oprávněnou
the account is not current	účet je neplatný
the account is not yet paid	účet ještě není zaplacen
to remit on account	poukázat na konto
to excuse delay of delivery	omluvit opožděnou dodávku
to be active as an exclusive agent	být činný jako výhradní zástupce
to file bankruptcy/liquidation	vyhlásit konkurs/likvidaci
to set up a balance	sestavit bilanci
to distribute profit	rozdělit zisk
to act under a foreign name	jednat cizím jménem
to deal through a foreign account	jednat na cizí účet
to have full authority to act	mít plnou moc k jednání
to reach an agreement	dospět k dohodě
due date...	splatný dne...
to obtain a statement of account/bank statement	dostat výpis z účtu
to revive exports	oživit export
to allow protest of a bill	nechat protestovat směnku
to keep up with the competition	držet krok s konkurencí
to effect payments	provádět platby
to bring into operation	uvést do provozu
to make an account of costs/expenses	zaúčtovat náklady
negotiations are in progress	jednání probíhají
to be bound by contract	být smluvně zavázán
to meet expenses	zaplatit výdaje
to indemnify damages	platit odškodné

to allow preparation of an expert opinion	*nechat vypracovat znalecký posudek*
to have goods in stock	*mít zboží na skladě*
to maintain business relations	*udržovat obchodní styky*
to keep engagements to meet obligations	*dostát závazkům*
to be in charge of business	*být pověřen obchodem*
to show growth	*vykázat nárůst*
to pay from one's own resources	*uhradit z vlastních prostředků*
to have a declining tendency	*mít klesající tendenci*
to buy under advantageous conditions	*kupovat za výhodných podmínek*
to cause an increase in price	*zapříčinit nárůst ceny*
to establish final prices	*stanovit konečné ceny*
to accept a higher price	*přistoupit na zvýšení ceny*
to insist on a higher price	*trvat na vyšší ceně*
contrary to the agreed-upon time/period	*oproti sjednanému termínu*
to establish new business relations	*navázat nové obchodní styky*
to deliver now	*nyní dodávat*
to charge a surcharge in the amount of...	*účtovat cenovou přirážku ve výši...*
to present prices	*uvádět ceny*
to calculate prices	*kalkulovat ceny*
to be delivered	*být k dodání*
to offer subject to change	*nezávazně nabízet*
to assess market opportunities	*posoudit odbytové možnosti*
to order on the basis of samples	*objednat na základě vzorků*
to order for immediate delivery	*objednat k okamžitému dodání*

to take over with our authorization	*převzít na náš příkaz*
to require an exception	*žádat o vyjímku*
to prosecute claims in court	*uplatňovat nároky soudně*
to exceed the time for payment	*překročit termín placení*
to impose a penalty	*účtovat penále*
to remit a sum by return of post	*částku obratem poukázat*
to submit an order to pay to a bank	*dát platební příkaz bance*
to establish close contacts	*navázat úzké kontakty*
to appoint a representative	*ustanovit zástupce*
to name a business representative	*jmenovat obchodním zástupcem*
to allow exceptions	*povolit vyjímky*
to take charge of representation	*převzít zastoupení*
to give a commission in the amount of...	*poskytnout provizi ve výši...*
to obtain the full purchase price	*dostat plnou kupní cenu*
to take away agency/representation	*odebrat zastoupení*
to compensate by bank cheque	*uhradit bankovním šekem*
to indemnify for damage	*uhradit škodu (odškodnit)*
to sell quality goods	*prodávat kvalitní zboží*
to eliminate damage	*odstranit škodu*
to grant a discount	*poskytnout slevu*
to withdraw from a purchase agreement	*odstoupit od kupní smlouvy*
to take necessary measures	*učinit potřebná opatření*
to refuse requests to compensate for damage	*odmítnout požadavky na náhradu škody*
to bear responsibility	*nést odpovědnost*

to withdraw from business	odstoupit od obchodu
to count on additional orders	počítat s dalšími objednávkami
to place an order	zadat objednávku
to lower the price by...	snížit cenu o...
to compensate by a new order	odškodnit novou objednávkou
to send in an amendment	poslat v příloze
to follow the rules	dbát předpisů
to ensure timely delivery	zajistit včasnou dodávku
to pay in cash	platit hotově
to expect excellent quality	očekávat bezvadnou kvalitu
to calculate the duty payment	kalkulovat celní poplatky
to substitute the goods under claim	nahradit reklamované zboží
to hesitate to pay in cash	zdráhat se platit v hotovosti
to jeopardize business relations	ohrožovat obchodní styky
to draw up a bill	vystavit směnku
to have sufficient capital	disponovat dostatkem kapitálu
to warrant the goods	ručit za zboží
to be under warranty	být v záruce
to match the sample	odpovídat vzorku
to keep to the prepared transport route	dodržovat přepravní cenu
to send goods which match the sample	zaslat zboží odpovídající vzorku
to have a solid financial base	mít dobrou finanční základnu
to apply for a position	ucházet se o místo
to indemnify the loss incurred	uhradit vzniklou škodu
to send according to the order	zaslat podle objednávky

the interest rate is...	*úroková sazba činí...*
to make liable for a loss	*činit odpovědným za škodu*
to have the necessary professional experience	*mít potřebnou profesní zkušenost*
to engage in business to do business	*dělat obchod*
to deliver within the delivery time/period	*dodat v termínu*
to insure against all losses	*pojistit proti všem rizikům*
to pay for the minimal quantity	*platit za minimální množství*
to sell out goods	*prodat zboží beze zbytku*
to discuss problems personally	*prohovořit problematiku osobně*
to hand over documents against payment	*vydat dokumenty proti placení*
to verify property relations	*prověřit majetkové poměry*
to request deferment of payment	*žádat o odklad placení*
to refuse payment	*odmítnout zaplatit*
to remit the amount owed	*poukázat dlužnou částku*
to extend the payment period	*prodloužit platební lhůtu*
to enclose/to attach a certified copy	*přiložit ověřenou kopii*
to have a higher price than the competition	*být cenově výše než konkurence*
to represent interests	*zastupovat zájmy*
to achieve high turnover	*dosáhnout vysokého obratu*
to be exempt from taking delivery	*být osvobozen od povinnosti odebrat dodávku*
to have a price advantage	*být cenově výhodnější*

BUSINESS, COMMERCE, TRADE OBCHOD

to conduct, to close, to conclude, to transact business	uzavírat obchod
business is booming	obchod kvete
to resign, to retire from business	vzdát se obchodu
to miss an opportunity to do business	nechat si ujít obchod
business is declining	obchody váznou, jdou špatně
to effect, to realize business	uskutečnit obchod
on one's own account	na vlastní účet
for a third, foreign account	na cizí účet
to do business with sb	obchodovat s kým
to withdraw from business	odstoupit od obchodu
to be away on business	být na služební cestě
to do a good/bad trade	dělat dobré/špatné obchody

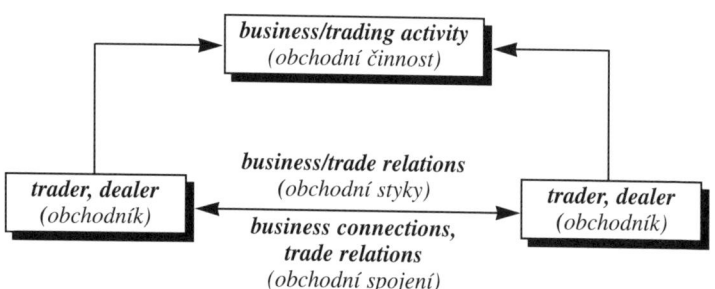

conclusion of business	uzavření obchodu
business experience	obchodní záležitost
drop off in business	váznutí obchodu
business custom	obchodní zvyklost
trade secret	obchodní tajemství
business profit	obchodní zisk
business risk	obchodní riziko
commercial turnover	obchodní obrat
commercial bank	obchodní banka
chamber of commerce	obchodní komora
trade name	obchodní název
trade register	obchodní rejstřík
foreign trade	zahraniční obchod

THE MARKET — TRH

to work the market	zpracovávat trh
to influence the market	ovlivňovat
to control the market	ovládat
to capture the market	dobýt
to strengthen the market	upevnit
to make the market	získat
to flood the market	zaplavit
to supply the market	zásobovat
to appear on the market	objevit se na trhu
to drive out of the market	vytlačit z trhu
to bring to market	uvést na trh
There is no market demand.	Na trhu není poptávka.

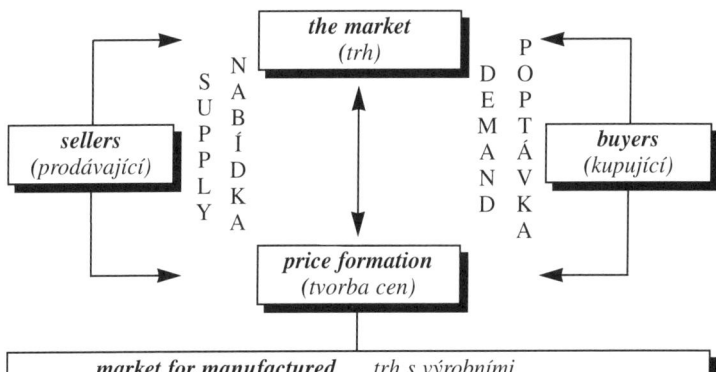

market for manufactured and consumer goods	trh s výrobními a spotřebními předměty
market for services	trh se službami
market for financial services	trh spojený s peněžními službami
labor market	trh pracovních sil
real estate market	trh s nemovitostmi

market capacity	kapacita trhu
market requirements	požadavky trhu
revival of the market	oživení trhu
market fluctuation	kolísání na trhu
market research	průzkum trhu
market economy	tržní hospodářství
a growing market for...	stoupající poptávka po...
on the market	na prodej

FRÁZE POUŽÍVANÉ PŘI OBCHODNÍM STYKU

There have been some shortages.	*Objevily se nedostatky.*
Handle the goods with care.	*Zacházejte se zbožím pečlivě.*
Some screws were damaged and others were missing.	*Některé šrouby byly poškozeny a některé chyběly.*
Would you please provide more details?	*Prosíme Vás o bližší údaje.*
The damage is not great.	*Škoda není vysoká.*
Reception of the goods proceeded without problems.	*Přejímka zboží proběhla bez problémů.*
We request a credit note for the damaged items.	*Požadujeme dobropis na poškozené kusy.*
We are interested in receiving a new delivery.	*Máme zájem o novou dodávku.*
We offer you a 10% discount.	*Poskytujeme Vám 10% rabat.*
Do you wish to receive the same types as before?	*Přejete si obdržet ty samé druhy jako posledně?*
Your products have done well on our market.	*Vaše výrobky se na našem trhu dobře osvědčily.*
The need for these goods is declining.	*Potřeba těchto výrobků klesá.*
Prices show a continuing tendency to rise.	*Ceny vykazují stále stoupající tendenci.*
Your company is among our best customers.	*Vaše firma patří k našim nejlepším zákazníkům.*
We can promise you a price discount.	*Můžeme Vám přislíbit slevu z ceny.*
Unfortunately we are forced to refuse any additional delivery.	*Bohužel jsme nuceni odmítnout další dodávku.*
Customers have accepted our higher prices.	*Zákazníci akceptovali naše zvýšené ceny.*
Delivery periods are too short.	*Dodací termíny jsou příliš krátké.*

We are counting on delivery within 2 to 4 weeks after confirmation of the order.	*Počítáme s dodávkou do 2-4 týdnů po potvrzení zakázky.*
We do not have these goods in stock.	*Toto zboží nemáme na skladě.*
The demand for our goods is great.	*Poptávka po našem zboží je velká.*
We are completely sold out for the next quarter.	*Na příští čtvrtletí jsme zcela vyprodáni.*
Delivery dates must be delayed at least two months.	*Dodací termíny musí být nejméně o dva měsíce posunuty.*
We do not accept the later date.	*S pozdějším termínem nesouhlasíme.*
We must contact the customers.	*Musíme se spojit se zákazníky.*
We believe very strongly in maintaining good business relations.	*Velice nám záleží na udržování dobrých obchodních vztahů.*
You can rely on us.	*Můžete se na nás spolehnout.*
We need to arrange a later date.	*Musíme dohodnout pozdější termín.*
We are sending you our terms and conditions by return of mail.	*Zasíláme Vám obratem naše podmínky.*
We trust that you understand the difficult situation in which we find ourselves.	*Věříme, že pochopíte obtížnou situaci, ve které se nacházíme.*
Our negotiations proceeded smoothly.	*Naše jednání probíhala hladce.*
We can reach an agreement this month on the same terms and conditions as last month.	*Tento měsíc můžeme uzavřít smlouvu za stejných podmínek jako minulý měsíc.*
These terms and conditions respond to our requirements.	*Tyto podmínky odpovídají našim požadavkům.*
We can give you our calculations.	*Můžeme Vám předat naše výpočty.*
Please excuse the errors in our calculation.	*Omluvte prosím chyby v našem výpočtu.*

We obtained preliminary agreement from the bank two days ago.	*Před dvěma dny jsme obdrželi předběžný souhlas od banky.*
Conclusion of a contract depends on the date of delivery (price).	*Uzavření smlouvy závisí na dodacím termínu (ceně).*
This date is not acceptable.	*Tento termín není přijatelný.*
You really must observe the term of delivery we agreed upon.	*Musíte ale sjednanou dodací lhůtu skutečně dodržet.*
You need not worry.	*Můžete být bez obav.*
Provided no complications arise, we can sign the contract tomorrow.	*Když se neobjeví žádné komplikace, můžeme smlouvu zítra podepsat.*
Market conditions should improve in the second half of the year.	*Situace na trhu by se měla ve druhém pololetí zlepšit.*
We must exploit this situation immediately.	*Tuto situaci musíme ihned využít.*
We cannot keep up with the competition.	*Nejsme schopni držet krok s konkurencí.*
Our products remain competitive.	*Naše výrobky jsou stále konkurenceschopné.*
You must speed up deliveries of replacement parts and improve quality.	*Dodávky náhradních dílů musíte urychlit a kvalitu zlepšit.*
The machines do not meet our norms.	*Stroje neodpovídají našim normám.*
You must take everything into consideration.	*To všechno musíte brát v úvahu.*
You must lower prices unconditionally.	*Musíte bezpodmínečně snížit ceny.*
Our business costs are still too high.	*Naše podnikové náklady jsou ještě příliš vysoké.*
Under these circumstances it will be difficult to increase our sales next year.	*Za těchto okolností bude těžké zvýšit v příštím roce odbyt.*

Our prices are more advantageous compared to those of the competition.	*Naše ceny jsou ve srovnání s konkurenčními cenami výhodnější.*
We are not satisfied with your last delivery of...	*Nejsme s Vaší poslední dodávkou... spokojeni.*
The products do not match the samples.	*Výrobky neodpovídají vzorkům.*
We regret that our last delivery gave you reason to complain.	*Velice nás mrzí, že Vám naše poslední dodávka dala podnět ke stížnosti.*
Do you insist on a replacement delivery?	*Trváte na náhradní dodávce?*
Lowering of quality will cause us to suffer significant losses.	*Snížení kvality bude mít pro nás za následek značné ztráty.*
How large do you estimate your loss will be?	*Jak vysokou odhadujete ztrátu?*
We will do everything to ensure that this matter is settled to your full satisfaction.	*Uděláme vše pro to, abychom tuto záležitost urovnali k Vaší plné spokojenosti.*
We are prepared to indemnify your originated loss.	*Jsme připraveni Vám uhradit vzniklou ztrátu.*
You have not settled our most recent claim.	*Dosud jste nevyřídili naši poslední reklamaci.*
The damaged portion is really quite large.	*Podíl poškozeného množství je skutečně velký.*
We must sell the damaged goods at greatly reduced prices.	*Poškozené zboží musíme prodávat za značně snížené ceny.*
You must lower the price or we alternatively request a replacement delivery.	*Musíte cenu snížit, jinak požadujeme náhradní dodávku.*
Your demands are justified, and we allow your claim to its full extent.	*Vaše požadavky jsou oprávněné a uznáváme Vaši reklamaci v plném rozsahu.*
We are not the proximate cause of the damage.	*Škoda nevznikla bezprostředně naším zaviněním.*

We will adjust the matter to your full satisfaction within two weeks.	Za dva týdny bude celá záležitost vyřízena k Vaší plné spokojenosti.
We are worried about the decline in sales.	Váznoucí odbyt nám dělá velké starosti.
It is necessary to undertake some promotional activities.	Je nutno udělat propagační akci.
Sales of our products must increase in the future.	Prodej našich výrobků musí do budoucna stoupnout.
The competition wants to drive us out of the market.	Konkurence nás chce vytlačit z trhu.
We want you to become a representative of our firm.	Chtěli bychom, abyste se stal zástupcem naší firmy.
We would be interested only in business such as this.	Měli bychom zájem pouze o takový obchod.
We will familiarize you with all the terms and conditions.	Seznámíme Vás se všemi podmínkami.
I will give you our prospectuses and all the necessary technical data.	Předám Vám naše prospekty a všechny potřebné technické podklady.
For what period of time do you want our contract to be in force?	Na jak dlouho s námi chcete uzavřít smlouvu?
We are only interested in long-term cooperation.	Máme zájem pouze o dlouhodobou spolupráci.
We are both authorized to withdraw from the contract without giving a reason three months before the end of the year.	Oba dva jsme oprávněni vypovědět smlouvu bez udání důvodu tři měsíce před koncem roku.
The contract contains no time limitation.	Smlouva není časově omezena.
We want to carry out promotional activities at our own expense.	Chceme provádět propagaci na vlastní náklady.
Every machine comes with a 7-month guarantee.	Na každý stroj poskytujeme záruku 7 měsíců.

We are prepared to give you a three-month credit guarantee.	*Jsme připraveni Vám poskytnout tříměsíční úvěr.*
The terms and conditions are advantageous for you.	*Podmínky jsou pro Vás výhodné.*
I am convinced that our cooperation could be both pleasant and successful.	*Jsem přesvědčen, že by naše spolupráce mohla být příjemná a úspěšná.*
Better workmanship would, of course, influence the price.	*Lepší vypracování má samozřejmě vliv na cenu.*
I must admit that we are very surprised.	*Musím přiznat, že jsme velmi překvapeni.*
We guarantee you better quality.	*Zaručujeme Vám vyšší kvalitu.*
The prices of raw materials have risen 5% in the last year.	*Ceny surovin stouply v minulém roce o 5%.*
I can substantiate the fact that we have purchased the product on more advantageous price terms.	*Mohu Vám doložit, že jsme výrobek kupovali za výhodnějších cenových podmínek.*
We demand a raise in the contract price.	*Požadujeme zvýšení smluvní ceny.*
We are capable of judging the quality of the goods.	*Jsme schopni posoudit kvalitu zboží.*
I would like to clarify something.	*Chtěl bych ještě něco vyjasnit.*
The American market is determinative for us.	*Americký trh je pro nás rozhodující.*
I can present some products to you.	*Mohu Vám předložit některé výrobky.*
We must establish final prices.	*Musíme stanovit konečné ceny.*
Unfortunately, I cannot agree to that.	*Na to nemohu bohužel přistoupit.*
I am afraid that we have different opinions.	*Obávám se, že máme odlišné názory.*
We can not agree to higher prices in any event.	*Na zvýšení cen nemůžeme v žádném případě přistoupit.*

We must insist on raising the price by 10%.	Musíme trvat na zvýšení ceny o 10%.
I would like to make you an interesting offer.	Chtěl bych Vám udělat zajímavý návrh.
What do you make of it?	Co o tom soudíte?
This contract has certain advantages for you.	Tato smlouva má pro Vás určité výhody.
Does the price include costs of transportation?	Zahrnuje cena dopravní náklady?
Our first consideration is price.	V první řadě musíme brát v úvahu cenu.
We must still complete our calculations of all of your offers.	Musíme všechny Vaše návrhy ještě propočítat.
When can you bring the machines into operation?	Kdy můžete uvést stroje do provozu?
Contrary to the contract term, there was unfortunately a delay of one month.	Oproti sjednanému termínu došlo bohužel ke zpoždění o jeden měsíc.
We are not responsible for the delay.	Na zpoždění nemáme vinu.
Assembly will take two weeks.	Montáž zabere dva týdny.
We hope that our economic relations will expand in the future.	Doufáme, že se naše hospodářské styky v budoucnosti ještě rozšíří.
Our firm has a good reputation among specialists.	Naše firma má mezi odborníky dobré jméno.
What can you offer us?	Co nám můžete nabídnout?
We have achieved very good results in this area.	Docílili jsme v této oblasti velmi dobrých výsledků.
Our products are of a high quality.	Naše výrobky mají vysokou kvalitu.
Would you please communicate your conditions?	Uvedli byste prosím Vaše podmínky?

What are your expenses?	*Kolik činí Vaše náklady?*
The price should be paid in three instalments.	*Cena je splatná ve třech částkách.*
I cannot react to the price, until I know more details.	*Nemohu se nyní vyjádřit k ceně, aniž bych znal další údaje.*
Accounts are payable every quarter.	*Účty jsou splatné po každém čtvrtletí.*
What is the situation with regard to the guarantee?	*Jak to vypadá se zárukou?*
For what period of time is the contract in force?	*Na jaký časový úsek je smlouva uzavřena?*
In all cases, our technicians will communicate with your technicians.	*V každém případě se naši technici spojí s Vašimi techniky.*
Of course, we accept your demands.	*Samozřejmě přijímáme Vaše požadavky.*
You may expect to receive our final decision in one month.	*Naše konečné rozhodnutí můžete očekávat za měsíc.*
Another solution must be found.	*Musí se najít jiné řešení.*
This problem does not concern us.	*Tento problém se nás netýká.*
In that case, you are completely right.	*V tomto případě máte úplnou pravdu.*
For this reason, we are turning to you.	*Z tohoto důvodu se na Vás obracíme.*
It must be made clear during our future dealings, in which areas we will cooperate.	*Musí být ještě v průběhu budoucích jednání vyjasněno, ve kterých oblastech budeme spolupracovat.*
The financial opportunities of our firm are influenced by the economic situation on the local market.	*Finanční možnosti naší firmy jsou ovlivněny hospodářskou situací na zdejším trhu.*
Do you have the same opinion?	*Jste toho samého mínění?*
I agree with your offer in full.	*Plně s Vaším návrhem souhlasím.*

Negotiations have shown us that cooperation would be advantageous for both of us.	*Jednání nám ukázala, že spolupráce pro nás oba bude výhodná.*
We are pleased that you have turned to us.	*Těší nás, že jste se na nás obrátil.*
Our first priority is to resolve this matter...	*V první řadě chceme řešit tuto otázku...*
Our payment terms are comparable to those of the competition.	*Naše platební podmínky lze srovnat s konkurenčními.*
Your offer was given careful consideration.	*Vaši nabídce byla věnována velká pozornost.*
We would like to offer you the most advantageous terms and conditions.	*Chtěli bychom Vám nabídnout nejvýhodnější obchodní podmínky.*
We fully realize our responsibilities.	*Jsme si plně vědomi své odpovědnosti.*
I see no other way out.	*Nevidím jiné východisko.*
In order to avoid eventual uncertainty in the future, I would like to invite you to visit our company.	*Abychom odstranili eventuální nejasnosti v budoucnosti, chtěl bych Vás pozvat na návštěvu naší firmy.*
There are two possible variants to our cooperation, either...or...	*Existují dvě varianty naší spolupráce buď... a nebo...*
Division of responsibilities between the partners is necessary.	*Dílčí odpovědnost obou partnerů je nutná.*
We will do everything to ensure that your wishes and expectations are fulfilled.	*Uděláme všechno pro to, abychom Vaše přání a očekávání splnili.*

TELEFONOVÁNÍ

Uslyšíte-li v telefonu anglicky hovořícího cizince, neodraďte ho mlčením, ale použijte některou z uvedených frází. Neprojevíte-li alespoň snahu, může se stát, že volající se již neozve.

Who is calling, please?	*Kdo volá, prosím?*
What can I do for you?	*Co pro Vás mohu udělat?*
To whom do you wish to speak?	*S kým chcete mluvit?*
Our director is not available at the moment.	*Ředitel není momentálně k zastižení.*
Could you call him on Wednesday morning?	*Můžete mu zavolat ve středu ráno?*
Do you also speak German?	*Hovoříte také německy?*
Just a moment, please.	*Okamžik, prosím.*
I am connecting you now.	*Hned Vás spojím.*
His number is busy.	*Jeho číslo je obsazeno.*
To whom am I speaking?	*S kým hovořím, prosím?*
What is the name of your company, please?	*Jak se jmenuje Vaše firma, prosím?*
Please remain on the line.	*Zůstaňte na telefonu.*
You have called the wrong number.	*Vytočil jste špatné číslo.*
I can't understand you. We have a bad connection.	*Nerozumím Vám, máme špatné spojení.*
Excuse me, but I don't hear you.	*Promiňte, neslyším Vás.*
Mr. Spoonland is not here today.	*Pan Spoonland není dnes přítomen.*
Unfortunately, I can't find Mr. Spoonland. Should he call you back?	*Bohužel nemohu pana Spoonlanda najít, má Vám někam zavolat?*

Hang up, please, and Mr. Spoonland will call you back immediately.	*Zavěste, prosím, pan Spoonland Vám hned zavolá zpátky.*
Could you call back again later?	*Můžete zavolat později?*
What is your name, please?	*Jak se jmenujete, prosím?*
What is your number, please?	*Jaké je prosím Vaše telefonní číslo?*
Could you fax or e-mail it, please?	*Můžete nám to poslat telefaxem nebo e-mailem?*

OBCHODNÍ DOPIS - BRÁNA DO SVĚTA OBCHODU

Obchodní dopis je ve světě podnikání jeden z nejdůležitějších způsobů komunikace. Dobře napsaný dopis může otevřít brány příležitostí, špatně napsaný je nechá zavřené. Všechny kvalitní obchodní komunikace jsou založeny na hesle „vyjádřete se stručně a jasně". Podniky jsou v dnešní době denně zavaleny poštou a není proto čas číst dlouhé několikastránkové dopisy.

Zásady pro psaní obchodního dopisu:

a) Napište pokud možno jen jednostránkový dopis.

b) Snažte se hned v první větě lidi zaujmout a ne odradit.

c) Váš dopis musí obsahovat úvod, obsah a závěr. Neunavujte čtenáře zbytečnými detaily, které nemají s dopisem nic společného.

d) Věty a odstavce udržujte co nejkratší a co nejjasněji formulované. Nepište dlouhá a komplikovaná slova a věty.

e) Při psaní dopisu se vyhněte negativním slovům, neboť navozují u čtenáře negativní představy. Z dopisu vylučte ironii a humor, snažte se neodvádět pozornost od pravého účelu dopisu.

f) Dopis pište vždy na stroji nebo počítači, mezi odstavci vynechte volnou řádku, dopis umístěte na osu a podepište se. Kvalitní dopis má větší naději na kvalitní odpověď.

g) Vždy odesílejte originál a kopii si ponechte u sebe.

h) Obálku napište na stroji nebo počítači. Je to záruka rychlého odbavení Vašeho dopisu.

BUSINESS LETTER FORM
FORMA OBCHODNÍHO DOPISU

A. Taylor Bros., Inc.
Electrical Products
Manufacturers
661 East 241st Street
Bronx, N.Y. 14325
U.S.A.

November 11, 20..

Dear Sirs,

Our sight draft

We have just been advised by our bank in London that you have not honoured our sight draft for $ 567,70.

We are very surprised at this, the more so as, up to the present, our relations with you have always been good.

We cannot understand why you have not replied to our many communications and we must make a final request for any explanation from you by return of post as to why you have not remitted the amount and how you intend to settle this outstanding obligation.

Should we fail to receive your reply by the 22nd November, we shall be reluctantly compelled to take such steps as may be necessary to recover the amount, and we shall be forced to have recourse to legal process in order to do this.

Yours faithfully,

we have been advised	*byli jsme vyrozuměni*
you have not honoured	*jste neproplatili*
up to the present	*až do současnosti*
make a final request	*naposledy žádat*
remit the amount	*poukázat částku*
settle this...obligation	*vyrovnat tento nezaplacený závazek*
we shall be reluctantly compelled	*budeme ač neradi nuceni*
have recourse to legal process	*uchýlit se k právní cestě*

ÚPRAVA DOPISU

Psaní datumu:

27th March, 20..   March 27, 20..

27 March, 20..   March 27th, 20..

Možno použít zkratky měsíců: Jan., Feb., Apr.....

Oslovení:

Dear Sir,   Dear Sirs,

Dear Madam,   Gentlemen: (USA)

Dear Mr. Brown,   Dear Mr. and Mrs. Brown,

za oslovením pokračuje text dopisu velkým písmenem.

Text dopisu:

V současné době se používá v obchodním styku více bloková forma, tzn. že všechny řádky začínají na stejné úrovni na levé straně. Odstavec se vyznačuje v tomto případě mezerou mezi odstavci.

Věc:

Dear Sirs,

<u>Consignment Cotton by S. S. „Ohio"</u>
Věc se v dopise píše pod oslovení a zvýrazní se podtržením.

Závěrečné formulace rozloučení:

Yours faithfully,   Yours sincerely,

Yours truly,   Sincerely yours,

Very truly yours,   Respectfully yours,

                     (velmi zdvořilé)

Přílohy, dodatky:

Enclosures   *přílohy*
(zkr. Enc., Encl., Enc's)

P.S. - postscript   *dodatek*

N.B. - Nota bene   *zvláště si povšimněte*

PSANÍ OBÁLKY

```
Return address                        Postage stamp
Postal instructions

                    Address

Special instructions
```

1) **Address** - adresa se píše zpravidla na střed obálky, ne příliš doleva

Psaní adresy:
Block form: bloková forma
    Mr P.M. Green
    21 Blue Lane
    Ashford
    Essex

Indented form: odsazená forma
    Mr P. M. Green
      21 Blue Lane
        Ashford
          Essex

V obchodním styku se používá bloková forma.

2) **Return address** - zpáteční adresa se v obchodních dopisech uvádí do levého horního rohu.

3) **Postal instructions** - poštovní údaje např.:

by air mail	*letecky*
express delivery	*expresní zásilka*
return if not delivered	*v případě nedoručení vrátit*
printed matter	*tiskopis*
registered	*doporučeně*
unsaleable samples	*neprodejné vzorky*
samples without commercial value	*vzorky bez ceny*
value $ ...	*cenné psaní hodnoty...dolarů*

4) **Special instructions** - speciální údaje, např. komu je dopis určen

ENQUIRY, DEMAND — POPTÁVKA

seasonal demand	*sezónní poptávka*
consumer demand	*spotřebitelská poptávka*
increase in demand	*zvýšení poptávky*
anticipated demand	*očekávaná poptávka*
expected demand	*očekávaná poptávka*
to create demand	*vytvořit poptávku*
demand and supply	*poptávka a nabídka*
demand outstrips supply	*poptávka převyšuje nabídku*
diminishing demand	*klesající poptávka*
falling demand	*klesající poptávka*
excess demand	*nadměrná poptávka*
goods are in great demand	*zboží jde dobře na odbyt*
product in demand	*žádaný výrobek*
to meet the demand	*uspokojit poptávku*
steady demand	*stálá poptávka*
to stimulate demand	*podněcovat poptávku*
waiting demand	*neuspokojená poptávka*
to satisfy the demand for sth	*uspokojit poptávku po něčem*

1) Poptávající sděluje, odkud zná adresu prodávajícího a proč se na něj obrací:

We have obtained your name and address from...	Získali jsme Vaši adresu a jméno od...
Mr. ... of Brighton was kind enough to give me your name and address.	Pan ... z Brightonu byl tak laskav a dal mi Vaše jméno a adresu.
I was given your address by the London Chamber of Commerce.	Dostal jsem Vaši adresu u londýnské obchodní komory.
We have been informed by... that your firm is one of the leading importers of...	Byli jsme informováni... že Vaše firma je jedním z hlavních dovozců...
We have seen your advertisement in our newspaper and should be pleased to make business with you.	Viděli jsme Váš inzerát v našich novinách a rádi bychom s Vámi obchodovali.
I recently met and talked with your representative at the Brno fair.	Nedávno jsem se setkal a hovořil s Vaším zástupcem na veletrhu v Brně.
Mr. Coleman from Glasgow has recommended you to us.	Pan Coleman z Glasgova nám Vás doporučil.

2) Poptávající popisuje zboží, o které má zájem:

We are interested in...	Máme zájem o...
We could place large orders with you if your patterns and prices are suitable.	Mohli bychom Vám udělit velké objednávky, pokud jsou Vaše vzorky a ceny odpovídající.
Our demand for these fabrics is quite considerable.	Potřeba těchto výrobků je pro nás značná.
Please let us know if you have the goods in stock and what the price would be.	Sdělte nám prosím, zda máte zboží na skladě a jaká by byla cena.
We should be grateful if you let us know what you have to offer in the way of...	Byli bychom vděčni, kdybyste nám sdělili co můžete nabídnout pokud se týká...

We are interested in the products which you advertise.	*Máme zájem o výrobky, které inzerujete.*

3) Poptávající požaduje od prodávajícího nabídku, informační materiály a ostatní náležitosti:

We should be grateful for your most recent price-lists and patterns.	*Byli bychom Vám vděčni za Vaše nejnovější ceníky a vzorky.*
We should appreciate your sending us a copy of your catalogue.	*Ocenili bychom, kdybyste nám zaslali kopii Vašeho katalogu.*
As we have a considerable trade outlet we hope to be given your most favourable terms.	*Protože máme značné odbytiště, doufáme, že nám poskytnete Vaše nejvýhodnější podmínky.*
We should like to know if you are prepared to grant us a special discount.	*Rádi bychom věděli, zda jste připraveni nám poskytnout zvláštní slevu.*
What is the minimum quantity you would require to be ordered?	*Jaké je minimální množství, které vyžadujete k objednání?*

4) Závěrečné fráze:

We shall compare your prices and if satisfied, we will send you the order.	*Porovnáme Vaše ceny a pokud budeme spokojeni, zašleme Vám objednávku.*
We hope that you will shortly be able to furnish us with the information requested.	*Doufáme, že v krátké době nám zašlete požadované informace.*
We should be very pleased to make business with you and we look forward to hearing from you in the near future.	*Rádi bychom s Vámi obchodovali a očekáváme, že o Vás uslyšíme v nejbližší budoucnosti.*
We assure you that once we are satisfied with a supplier we do not change him.	*Ujišťujeme Vás, že pokud jsme již jednou spokojeni s dodavatelem, neměníme ho.*

Dear Sirs,

We have obtained your name and address from Mr. Blackmoore of Brighton, with whom we have done considerable business for some time. He has recommended you as being the firm most likely to be able to supply our need in perfume bottles.

We should be grateful for your most recent price-lists and patterns.

Our demand for these bottles is quite considerable and we feel sure that we could place large orders with you if your patterns and prices are suitable.

For information about us we refer you to our Chamber of Commerce, but we should like to state now that, in the event of our placing orders with you, the transaction would be on a cash basis by irrevocable letter of credit, so please quote cash prices in your reply.

Yours faithfully,

we have obtained	*obdrželi jsme*
to supply our needs	*krýt naši potřebu*
most recent price-lists and patterns	*nejnovější ceníky a vzorky*
place large orders	*zadávat velké objednávky*
we refer you to...	*odkazujeme Vás na...*
on a cash basis	*v hotovosti*
quote cash prices	*uveďte ceny v hotovosti*

REPLIES TO ENQUIRIES
ODPOVĚDI NA POPTÁVKY

1) Poptávaný děkuje za došlou poptávku a zasílá informační materiál:

Thank you for your enquiry and we are pleased to be able to offer you firm for immediate delivery...

Děkujeme Vám za Vaši poptávku a jsme potěšeni, že Vám můžeme závazně nabídnout k okamžité dodávce....

We are enclosing our current illustrated catalogue and our present export price-list.

Přikládáme náš současný ilustrovaný katalog a nynější exportní ceník.

We can make you the following offer to your enquiry for... and we hope it will meet with a favourable reception.

Můžeme Vám udělat následující nabídku na Vaši poptávku po... a doufáme, že se setká s kladným přijetím.

We are sending you a full range of samples with a price-list and terms under separate cover today.

Zasíláme Vám celou kolekci vzorků s ceníkem a podmínkami ve zvláštní obálce.

We confirm our acceptance of your enquiry.

Potvrzujeme příjem Vaší poptávky.

We hope we shall have the pleasure of doing business with you and please do not hesitate to contact us whenever you think we can be of service to you.

Doufáme, že budeme mít potěšení s Vámi obchodovat a prosím neváhejte a kontaktujte nás, kdykoliv si budete myslet, že Vám můžeme být nápomocni.

Our price-list and catalogues will give you full information about the various models.

Náš ceník a katalogy Vás budou plně informovat o různých modelech.

2) Poptávaný oznamuje zpracování nabídky a upřesňuje některé otázky týkající se nabídky:

We shall be pleased to assist you with any further details of...

Rádi Vám přispějeme dalšími podrobnostmi o...

Should you be interested in associating yourself with us, we shall be pleased to discuss in full detail the possibility of our cooperation.	*Pokud byste měli zájem s námi spolupracovat, rádi bychom plně prohovořili možnost naší spolupráce.*
To our regret, we are unable to promise delivery within 4 weeks.	*Bohužel nemůžeme slíbit dodávku během 4 týdnů.*
When we receive this information from you we shall be in a better position to make you a detailed offer.	*Až od Vás obdržíme tuto informaci, budeme Vám moci udělat podrobnou nabídku.*
On a smaller quantity we should have to raise our quotation so much that the price would be uninteresting.	*Při menším množství bychom museli zvýšit naši kalkulaci tak, že by cena byla nezajímavá.*

3) Poptávaný objasňuje proč nemůže v současnosti a nebo vůbec přistoupit na nabízený obchod:

We regret to have to inform you that we have given up selling... as we found these articles unprofitable.	*Bohužel Vás musíme informovat o tom, že jsme zanechali prodeje..., protože jsme shledali toto zboží jako nerentabilní.*
We no longer supply the products indicated but have replaced them by others which are more efficient.	*Již nedodáváme uvedené výrobky, ale nahradili jsme je jinými, výkonnějšími.*
To our regret, we are unable to promise delivery in this month because, as a result of our exhibition, we have a large influx of orders.	*Bohužel nemůžeme slíbit dodávku v tomto měsíci, protože v důsledku naší výstavy jsme zaplaveni objednávkami.*
We hope that in the near future we shall be able to offer new products at competitive prices.	*Doufáme, že v brzké budoucnosti budeme moci nabídnout nové výrobky za konkurenceschopné ceny.*

Dear Sirs,

Thank you very much for your enquiry. We are sending you a full range of samples with a price list and terms under separate cover today.

We think you will find our prices quite low and we are prepared to give wholesalers a rebate of 25% on the list prices and an additional 3% discount on cash payments.

We should like to draw your attention to our latest perfume line
Yellow Moon

We hope we shall have the pleasure of doing business with you and please do not hesitate to contact us whenever you think we can be of service to you.

Yours faithfully,

full range of samples	*celou kolekci vzorků*
under separate cover	*ve zvláštní obálce*
wholesalers	*velkoobchodníci*
on the list prices	*na ceníkové ceny*
an additional 3% discount	*dodatečnou 3% slevu*
to draw your attention	*upozornit Vás na*
do not hesitate	*neváhejte*
to be of service	*být nápomocen*

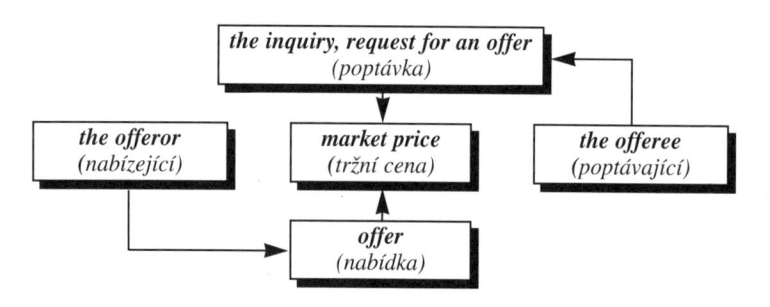

THE OFFER — NABÍDKA

to offer sth for sale	nabídnout co ke koupi
to accept an offer	přijmout
to reject an offer	odmítnout
to cancel, to revoke an offer	zrušit
to allow an offer to lapse	nechat si ujít
to hold an offer open	ponechat v platnosti
to prepare, to draw up an offer	vyhotovit
to submit, to make an offer	předložit, učinit
to withdraw an offer	stáhnout
the offer is open until...	nabídka platí do...
the offer is binding until...	nabídka je závazná do...
the offer exceeds requirements	nabídka převyšuje poptávku
to attach to the offer	k nabídce přiložit, připojit
the offer is satisfactory	nabídka vyhovuje

```
            the inquiry, request for an offer
                      (poptávka)

  the offeror        market price         the offeree
  (nabízející)       (tržní cena)        (poptávající)

                         offer
                       (nabídka)
```

bargain offer	výhodná nabídka
counter-offer	protinabídka
aggregate offer	celková nabídka
highest offer	nejvyšší nabídka
competitive offer	konkurenční nabídka
offering price	nabídková cena
offer of goods	nabídka zboží
exceptional offer	mimořádná nabídka
offer without engagement, not binding offer	nezávazná nabídka
binding/firm offer	závazná nabídka
special offer	zvláštní nabídka
trial offer	zkušební nabídka
written offer	písemná nabídka

1) Prodávající děkuje za poptávku a nabízí:

We thank you for your enquiry in reply to which we are sending you our price-list.	*Děkujeme Vám za Vaši poptávku a zasíláme Vám náš ceník.*
Many thanks for your letter of 6 February in which you express interest in our...	*Děkujeme Vám za Váš dopis ze 6. února, ve kterém vyjadřujete zájem o naše...*
It was a pleasure to hear from you that you were interested in our...	*Bylo potěšením slyšet, že se zajímáte o naše...*
We should like to draw your attention to our terms, which are now considerably easier than previously.	*Rádi bychom Vás upozornili na naše podmínky, které jsou nyní značně výhodnější než dříve.*
From our payment terms you can see that we are cheaper than our competitors.	*Z našich platebních podmínek můžete vidět, že jsme levnější než naše konkurence.*
The machinery in which our firm is specialised and which we wish to export consists of the following items:	*Stroje, na které se naše firma specializuje a které chceme vyvážet sestávají z následujících druhů:*
We can make you the following offer for the... you require.	*Můžeme Vám udělat následující nabídku na..., které požadujete.*
As references we quote the following firms with which we have done business for many years.	*Jako doporučení udáváme firmy, se kterými obchodujeme mnoho let.*
We are enclosing a prospectus which will indicate you the very extensive range of models.	*Přikládáme prospekt, který uvádí širokou škálu modelů.*
We are convinced that our prices will not change within the next few months.	*Jsme přesvědčeni, že naše ceny se nezmění během několika příštích měsíců.*

2) Prodávající udává podmínky své nabídky:

Our prices are in dollars and include duty and seaworthy packing.	Naše ceny jsou v dolarech a zahrnují clo a zámořské balení.
The minimum quantity of... is to be 200 tons per month.	Minimální množství... musí být 200 tun za měsíc.
We do not charge anything for packing.	Neúčtujeme nic za balení.
On orders for 400 pieces or more we would give you a special discount of 3% on the price marked in the catalogue.	Na objednávky na 400 a více kusů bychom Vám poskytli speciální slevu 3% z ceny udané v katalogu.
We can deliver goods from stock.	Můžeme dodávat zboží ze skladu.
The rate of interest for the amount is 7% p.a. which is not unreasonably high.	Úroková míra částky je 7% ročně, což není příliš vysoké.
The prices are quoted for quantities not less than...	Ceny jsou kalkulovány na množství ne méně než...
Cash payments within 14 days are subject to a discount of 3%.	Na placení v hotovosti do 14 dnů je poskytnuta sleva ve výši 3%.
We shall allow you a rebate of 30%.	Poskytneme Vám rabat ve výši 30%.
We can promise shipment within 3-4 weeks from receipt of your order.	Můžeme Vám přislíbit odeslání během 3-4 týdnů po obdržení Vaší objednávky.
We are prepared to give wholesalers a rebate of 15% on the price-list prices and an additional 2% discount on cash payment.	Jsme připraveni poskytnout velkoobchodníkům rabat ve výši 15% z cen v ceníku a dodatečně slevu 2% při placení v hotovosti.
We give a one-year guarantee with these machines.	Na tyto stroje poskytujeme záruku 1 rok.
All the items are in stock so that we can guarantee immediate dispatching.	Všechny položky máme na skladě, takže můžeme zaručit okamžité odeslání.

We reserve the right to offer our products elsewhere.	*Vyhrazujeme si právo nabízet své zboží i jinde.*
We request the payment by an irrevocable documentary letter of credit.	*Požadujeme placení neodvolatelným dokumentárním akreditivem.*

3) Zrušení nabídky:

We are sorry not to be able to accept your order so as our output is totally absorbed.	*Litujeme, že nemůžeme přijmout Vaši objednávku, protože naše výroba je úplně zabrána.*
We cannot fulfil your order as our stock is completely sold out.	*Nemůžeme splnit Vaši objednávku, protože náš sklad je plně vyprodán.*

4) Závěrečné fráze:

We hope you will find our offer attractive and we look forward to hearing from you.	*Doufáme, že shledáte naši nabídku atraktivní a očekáváme Vaši zprávu.*
We sincerely hope that this will be a successful transaction for you and will lead to further orders.	*Upřímně doufáme, že to pro Vás bude úspěšný obchod a povede k dalším objednávkám.*
We shall be very pleased if you avail yourself of our offer at an early opportunity.	*Budeme velmi potěšeni, když využijete naší nabídku při nejbližší příležitosti.*

Dear Sirs,

Mr. John Wing of Oxford was kind enough to give us your name and address and to suggest that we sent you our latest catalogue and price-list of soaps and shampoos.

From our payment terms you can see that we are cheaper than our competitors and we are convinced that our prices will not change appreciably within the next few months.

Cash payments within 14 days are subject to a discount of 3%.

We can promise shipment within 3-4 weeks from receipt of your order.

As references we quote the firms with which we have done business for many years.

We hope you will find our offer attractive and we look forward to hearing from you.

Yours faithfully,

was kind enough to give	*byl tak laskav a dal*
our latest catalogue and price-list	*náš nejnovější katalog a ceník*
from our payment terms	*z našich platebních podmínek*
will not change appreciably	*se nebudou znatelně měnit*
from receipt of your order	*od obdržení Vaší objednávky*
as references we quote	*jako doporučení uvádíme*

THE CONTRACT — SMLOUVA

to draw up, to draft a contract	*sepsat smlouvu*
to make, to form a contract	*uzavřít*
to enter into a contract	*uzavřít*
to accept a contract	*přijmout*
to cancel a contract	*zrušit*
to affirm a contract	*potvrdit*
to comply with a contract	*dodržet*
to fulfil a contract	*splnit*
to renew a contract	*obnovit*
to terminate a contract	*vypovědět*
to sign a contract	*podepsat*
to refer to the contract	*odvolávat se na smlouvu*
according to the contract	*podle smlouvy*
the contract is in force from...	*smlouva platí od...*
to be bound by a contract	*být vázán smlouvou*
to be competent/authorized to enter into a contract	*být způsobilý uzavřít smlouvu*
to be in breach of a contract	*příčící se smlouvě*
to withdraw from the contract, to back out of a contract	*odstoupit od smlouvy*
the contract goes into force...	*smlouva vstupuje v platnost dne...*
the contract ends...	*platnost smlouvy končí dne...*

contractual relationship
(smluvní spojení)

party to a contract *(smluvní partner)* ◄──► **party to a contract** *(smluvní partner)*

conclusion/formation of a contract	*uzavření smlouvy*
contract terms and conditions	*smluvní podmínky*
breach of a contract	*porušení smlouvy*
duration of a contract	*délka trvání smlouvy*
contractual territory	*smluvní území*
subject of the contract	*předmět smlouvy*
contract price	*smluvní cena*
offer of a contract	*návrh smlouvy*
modification of a contract	*změna smlouvy*

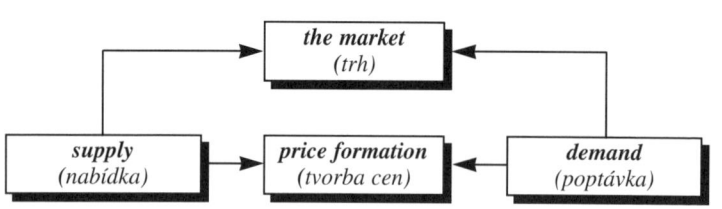

PRICE	**CENA**
to accept a price	*přijmout cenu*
to change a price	*změnit*
to quote, to specify a price	*uvést*
to calculate a price	*vypočítat*
to form a price	*tvořit*
to raise a price	*zvyšovat*
to lower a price	*snižovat*
to establish a price	*stanovit*
to compare a price	*porovnat*
to bargain for a price	*smlouvat o cenu*
to agree on a price	*smlouvat o cenu*
the price makes...	*cena dělá...*
the price includes...	*cena zahrnuje...*
the price is on the move	*cena se pohybuje*
the price fluctuates	*cena kolísá*
prices rise, climb	*ceny stoupají*
to include in the price	*zahrnout do ceny*
included in the price	*zahrnuto v ceně*
to sell below price	*prodávat pod cenou*
price fell	*cena klesla*
to buy at a price	*kupovat za mnoho peněz*
to be pricey	*být drahý*

the market (trh) → *price formation* (tvorba cen) ← *supply* (nabídka), *demand* (poptávka)

rise in prices	*vzestup cen*
price surcharge	*přirážka k ceně*
price reduction	*sleva z ceny*
price calculation	*výpočet ceny*
development of prices	*vývoj cen*
establishment of prices	*stanovení cen*
price list	*ceník*
price level	*cenová hladina*
price decline, drop in prices	*pokles cen*
price freeze	*zmrazení cen*
price agreement	*dohoda o cenách*

PRICE REDUCTION, REBATE — SLEVA Z CENY

to offer a rebate	*nabídnout slevu z ceny*
to calculate a rebate	*vypočítat*
to establish, to set a rebate	*stanovit*
to grant, to extend, to allow a discount	*poskytnout*
to obtain a rebate	*získat*
to standardize a rebate	*sjednat*
to demand a rebate	*požadovat*
to promise a rebate	*přislíbit*

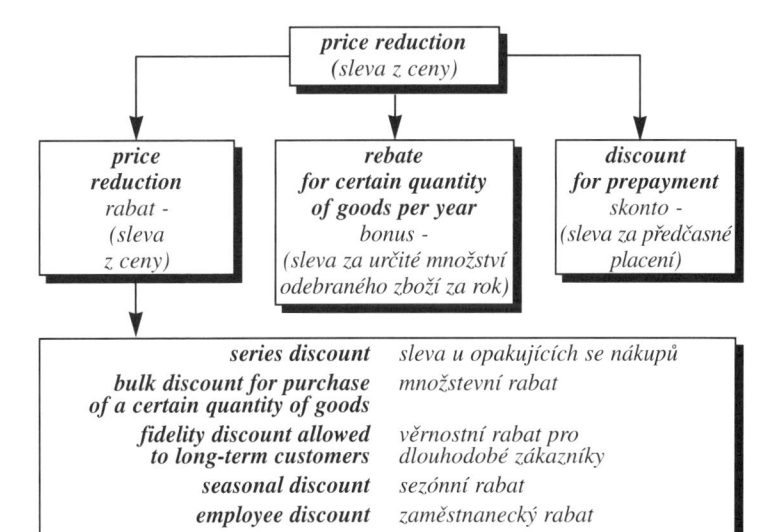

price reduction
(sleva z ceny)

- *price reduction*
  rabat -
  (sleva z ceny)
- *rebate for certain quantity of goods per year*
  bonus -
  (sleva za určité množství odebraného zboží za rok)
- *discount for prepayment*
  skonto -
  (sleva za předčasné placení)

series discount	sleva u opakujících se nákupů
bulk discount for purchase of a certain quantity of goods	množstevní rabat
fidelity discount allowed to long-term customers	věrnostní rabat pro dlouhodobé zákazníky
seasonal discount	sezónní rabat
employee discount	zaměstnanecký rabat

calculation of a rebate	*výpočet rabatu*
amount of a rebate	*částka rabatu*
granting a rebate	*poskytnutí rabatu*
ban on granting a rebate	*zákaz poskytovat rabat*
claim for a rebate	*nárok na rabat*
setting of a rebate	*stanovení rabatu*

TAX　　　　　　　　DAŇ

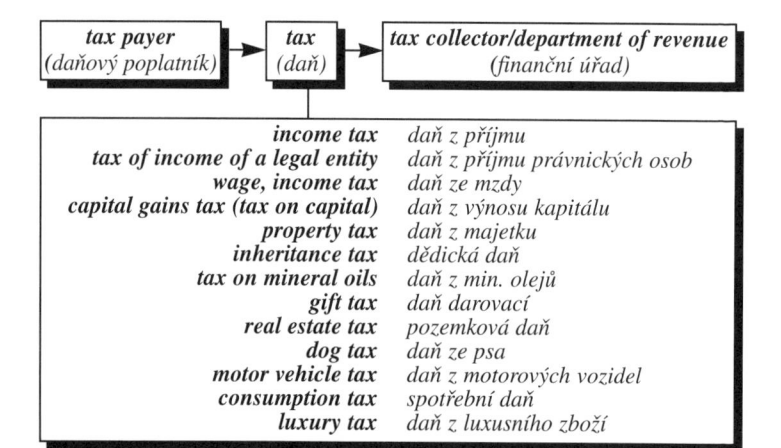

to levy a tax, to collect a tax	*vybírat daň*
to impose a tax	*uložit*
to pay a tax	*zaplatit*
to charge, to impose a tax	*uvalit na koho*
to assess a tax	*vyměřit*
to exact a tax	*vymáhat*
exempt from taxation	*osvobozen od daně*
liable/obligated to pay tax	*povinný platit daň*
to be liable, to be subject to tax	*podléhat dani*
to burden, to charge with a tax	*zatížit daní*
to tax sb	*uložit komu daň*

tax payer (*daňový poplatník*) → **tax** (*daň*) → **tax collector/department of revenue** (*finanční úřad*)

income tax	*daň z příjmu*
tax of income of a legal entity	*daň z příjmu právnických osob*
wage, income tax	*daň ze mzdy*
capital gains tax (tax on capital)	*daň z výnosu kapitálu*
property tax	*daň z majetku*
inheritance tax	*dědická daň*
tax on mineral oils	*daň z min. olejů*
gift tax	*daň darovací*
real estate tax	*pozemková daň*
dog tax	*daň ze psa*
motor vehicle tax	*daň z motorových vozidel*
consumption tax	*spotřební daň*
luxury tax	*daň z luxusního zboží*

tax exemption	*částka osvobozená od daně*
tax adviser	*daňový poradce*
tax haven	*daňová oáza*
tax debtor	*daňový dlužník*
tax base	*daňový základ*
tax burden	*daňové zatížení*
tax form	*formulář daňového přiznání*
tax revenue	*příjmy z daní*
tax return	*daňové přiznání*
tax scale	*daňový sazebník*
tax year	*daňový rok*
delinquent tax	*nedoplatek na dani*
tax obligation	*daňová povinnost*
legal: tax avoidance	*daňový únik (legální způsob)*
illegal: tax evasion	*daňový únik (nelegální způsob)*
tax enforcement	*vymáhání daně*
tax-free	*bez daně*

PAYMENT TERMS	**PLATEBNÍ PODMÍNKY**
free of charge	*zdarma*
cash payment in advance (C.I.A.)	*placení v hotovosti předem*
cash with order	*placení současně s objednávkou*
pay by cheque	*platit šekem*
payment in advance, prepaid (ppd.)	*placení předem*
pay in cash after receiving the goods	*hotově po obdržení zboží*
discount of 3% by cash payment within 14 days	*sleva 3%při hotovém placení do 14 dnů*
on a cash basis by irrevocable L/C	*hotově neodvolatelným akreditivem*
discount of 10% for payment within 30 days of invoice date	*sleva 10% při placení do 30 dnů od data faktury*
documents against payment (D/P)	*dokumenty proti placení*
open an irrevocable L/C in sb's favour for the sum of...	*otevřít neodvolatelný akreditiv v něčí prospěch na částku...*
L/C payable against documents	*akreditiv splatný proti dokladům*
cash against documents (c.a.d.)	*platba v hotovosti proti dokumentům*
cash collect on delivery (c.o.d.)	*platba při odeslání nebo obdržení zboží*
cash on shipment (c.o.s.)	*platba při odeslání zboží lodí*
pay on delivery (P.O.D.)	*platba při dodání zboží*
pay by bank transfer to the account...	*platba bankovním převodem na účet...*
by banker's guaranty of the...Bank	*bankovní zárukou...banky*

PLACENÍ SMĚNKOU

Bill after date: Datosměnka

30d/d-30 days after date *30 dní po vystavení směnky*

3 m/d - 3 months after date *3 měsíce po vystavení směnky*

Bill after sight: Směnka po viděné

30 d/s - 30 days after sight *Směnka je splatná 30 dní po akceptaci*

Bill at sight: *směnka na viděnou splatná při předložení*

Směnka se v zahraničním obchodě nazývá *bill of exchange* nebo *draft*. Je obvykle vystavována ve trojím vyhotovení v tzv. sadě směnek (set of bills).

Tato sada sestává z „první směnky" (the first of exchange)

„druhé směnky" (the second of exchange)

„třetí směnky" (the third of exchange)

Akceptace (acceptance), tzn. písemné přijetí směnky dává směnce hodnotu. Po tomto akceptu může vystavovatel směnky tuto použít jako platební prostředek.

ORDER — OBJEDNÁVKA

to order	*na objednávku*
to cancel an order	*odvolat, stornovat objednávku*
as per order	*podle objednávky*
to accept an order	*přijmout objednávku*
influx of orders	*příval objednávek*
advance order	*předběžná objednávka*
to book the order	*poznamenat si objednávku*
to confirm the order	*potvrdit objednávku*
definite order	*závazná objednávka*
firm order	*pevná, závazná objednávka*
to execute the order	*vyřídit objednávku*
to fulfil an order	*vyřídit objednávku*
to give an order for sth	*udělit objednávku čeho*
goods on order	*objednané zboží*
mail / written order	*písemná objednávka*
to place an order	*zadat objednávku*
rush order	*objednávka k okamžitému dodání*
trial order	*zkušební objednávka*
made to order	*dělaný na objednávku*
order form	*objednávkový formulář*

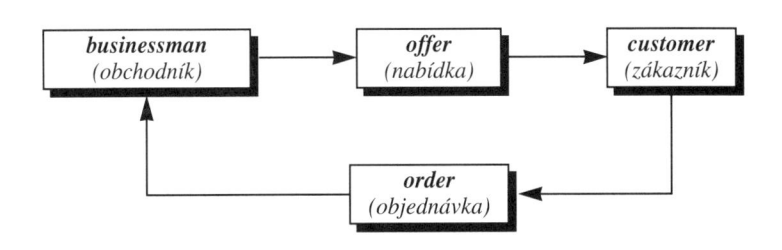

businessman (obchodník) → *offer* (nabídka) → *customer* (zákazník) → *order* (objednávka) → *businessman*

1) Kupující děkuje za nabídku a objednává:

We acknowledge receipt of your offer of 20 September and enclose our order to the following conditions:	Potvrzujeme příjem Vaší nabídky z 20. září a přikládáme objednávku za následujících podmínek:
We are ordering your... at $ 55,- each according to the conditions stipulated in your prospectus.	Objednáváme Vaše... za $ 55,- každý podle podmínek uvedených ve Vašem prospektu.
On the recommendation of Mr... we would like to order...	Na doporučení pana... bychom rádi objednali...
As your prices and terms meet our requirements, we order for prompt delivery the following items:	Protože Vaše ceny a podmínky odpovídají našim požadavkům, objednáváme k okamžitému dodání následující položky:

2) Kupující upřesňuje otázky týkající se dopravy, značení, pojištění, kvality...

The quality must be up to sample.	Kvalita musí odpovídat vzorku.
We note that the freight will be paid by the consignee and the insurance will be covered by you.	Bereme na vědomí, že doprava bude placena příjemcem a pojištění bude kryto Vámi.
We believe that with regard to this large order you will be able to cut down the prices somewhat.	Věříme, že s ohledem na tuto velkou objednávku budete moci o něco snížit ceny.
Advance payments are not possible because the bank regulations prohibit advance payments.	Placení předem nebudou možná, neboť bankovní předpisy zakazují placení předem.
I should like to mention that the firm XY offered me the same facilities at charges 10% lower than yours.	Rád bych upozornil, že firma XY mi nabídla ty samé výhody za ceny o 10% nižší než jsou Vaše.
Immediately on receipt of your confirmation we shall take the necessary steps to open the Letter of Credit.	Ihned po obdržení Vašeho potvrzení přijmeme nezbytné kroky k otevření akreditivu.

The goods must be ready for delivery within one month from today, otherwise we shall not feel bound by this order.	*Zboží musí být připraveno k dodání do jednoho měsíce ode dneška, v opačném případě se necítíme být touto objednávkou vázáni.*
We insist on the time of delivery being adhered to and reserve the right to cancel this order if the delivery is delayed.	*Trváme na dodržení termínu dodávky, v opačném případě si vyhrazujeme právo zrušit objednávku bude-li opožděna.*
Please arrange insurance against all risks for the above mentioned shipment.	*Zařiďte prosím pojištění proti všem rizikům na výše uvedenou zásilku.*
The insurance cover should be from warehouse to warehouse.	*Pojistné krytí by mělo být ze skladu do skladu.*
Please see to the careful packing of the consignment.	*Prosím dohlédněte na pečlivé zabalení dodávky.*
Please mark every case with the following markings:	*Prosím označte každou bednu následující značkou:*
The certificate must also contain the signature of an official of the bank who has inspected the goods before shipment.	*Osvědčení musí také obsahovat podpis bankovního úředníka, který kontroloval zboží před odesláním.*

3) Závěrečné fráze:

If we are satisfied with this shipment, we can promise you further orders in the near future.	*Budeme-li spokojeni s touto zásilkou, můžeme Vám slíbit v brzké budoucnosti další objednávky.*
We trust that you will execute this order within the stipulated time according to our instructions.	*Věříme, že vyřídíte tuto objednávku během stanoveného času podle našich instrukcí.*

Dear Sirs,

Thank you for your offer of 16th March, and for the pattern collection that you sent us under separate cover as „sample without commercial value".

As your prices and terms meet our requirements, we are enclosing 2 trial orders:

No. 123 for immediate delivery

No. 234 for shipment on 1st April.

Please let us have confirmation of these.

One of your competitors has quoted us a discount of 7% for payment within 30 days and an additional 3% discount for payment within 7 days of invoice date. We assume that you are willing to do business on the same terms.

If we are satisfied with this shipment, we can promise you further orders in the near future.

Yours faithfully,

pattern collection	*kolekce vzorků*
under separate cover	*zvláštní poštou*
meet our requirements	*odpovídají našim požadavkům*
trial orders	*zkušební dodávky*
for immediate delivery	*k okamžitému dodání*
has quoted us a discount	*nám účtoval slevu*
you are willing	*jste ochoten*
do business on the same terms	*obchodovat za stejných podmínek*

DELIVERY TIME, PERIOD
DODACÍ TERMÍN, LHŮTA

to delay delivery time	*odložit dodací termín*
period/term/time expired	*lhůta vypršela*
to determine, to fix, to designate delivery time	*stanovit*
to maintain, to adhere to, to observe delivery time	*dodržet*
to give delivery time	*poskytnout*
to shorten delivery time	*zkrátit*
to prolong delivery time	*prodloužit*
to fail the term	*zmeškat*
to move delivery time	*posunout*
to mark, to observe delivery time	*poznamenat*
to exceed the time limit	*překročit*
to arrange delivery time	*sjednat*
to require, to request delivery time	*požadovat*

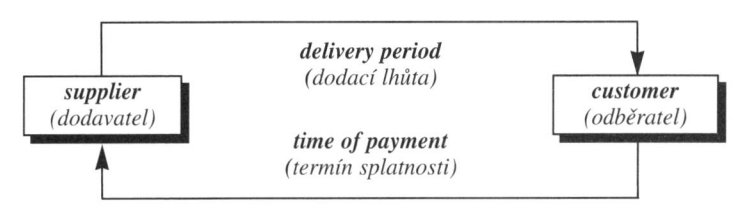

supplier *(dodavatel)* → *delivery period (dodací lhůta)* → **customer** *(odběratel)*

time of payment (termín splatnosti)

deadline	*konečná lhůta*
expiration of the term	*uplynutí lhůty*
date for performance	*den lhůty*
extension of time	*prodloužení lhůty*
guarantee time	*záruční lhůta*
time to put into operation	*termín uvedení do provozu*
notice period	*výpovědní lhůta*
additional time/period	*dodatečná lhůta*
deadline for complaints	*lhůta k reklamaci*
time-limited transactions	*termínované obchody*
change of term	*změna termínu*
in time, within the time limit	*v termínu, včas*
time default	*promeškání termínu*
limitation of time	*promlčecí lhůta*
time-limited, with a definite time limit	*termínovaný, s určením lhůty*
without time limitation	*bez určení lhůty*

TERMS OF DELIVERY DODACÍ PODMÍNKY

Incoterms - (International Commercial Terms)
- soubor pravidel pro výklad nejdůležitějších dodacích doložek
- platí tehdy, jestliže se na jejich použití strany dohodnou

V mezinárodním obchodě se používají pouze anglické zkratky či výrazy.

Ex Works	EXW	*ze závodu*
Free Carne	FCA	*vyplaceně dopravci*
Free Alongside Ship	FAS	*vyplaceně k boku lodi*
Free on Board	FOB	*vyplaceně loď*
Cost and Freight	CFR	*náklady a přepravné*
Cost, Insurance, Freight	CIF	*náklady, pojistné, dopravné placeny*
Carriage Paid To	CPT	*přeprava placena do*
Carriage and Insurance Paid To	CIP	*dopravné a pojistné placeno do*
Delivered at Frontier	DAF	*s dodáním na hranici*
Delivered Ex Ship	DES	*s dodáním z lodi*
Delivered Ex Quay	DEQ	*s dodáním z nábřeží*
Delivered Duty Unpaid	DDU	*s dodáním clo neplaceno*
Delivered Duty Paid	DDP	*s dodáním clo placeno*

DELIVERY — DODÁVKA

to suspend, to interrupt delivery	*přerušit dodávku*
to refuse to take delivery	*odmítnout*
to negotiate delivery	*smluvit*
to agree on delivery	*uzavřít*
to make a claim in regard to delivery	*reklamovat*
to speed up, to accelerate delivery	*urychlit*
to stop delivery	*zastavit*
to terminate delivery	*vypovědět*
to keep, to maintain delivery	*dodržet*
to take delivery	*převzít*
to order delivery	*někomu zadat*
to postpone delivery	*odsunout*
to effect delivery	*uskutečnit*
to delay delivery	*oddalovat*
to promise delivery	*přislíbit*

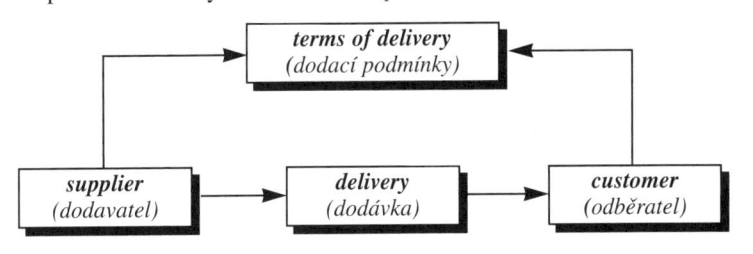

terms of delivery (*dodací podmínky*)

supplier (*dodavatel*) → *delivery* (*dodávka*) → *customer* (*odběratel*)

replacement delivery	*náhradní dodávka*
counter-delivery	*protidodávka*
total delivery	*celková dodávka*
term of delivery	*dodací lhůta, termín*
delivery item	*předmět dodávky*
quantity to be delivered	*množství k dodání*
delivery price	*dodací cena*
bill of delivery	*dodací list*
contract for delivery	*dodací smlouva*
delay of delivery	*zpoždění dodávky*
delivery truck	*dodávkový vůz*
trial delivery	*zkušební dodávka*
partial delivery, split shipment	*dílčí dodávka*
delivery of goods	*dodávka zboží*

ADVICE OF DISPATCH   ODESÍLACÍ NÁVĚŠTÍ

consignor, shipper, sender	*odesílatel zásilky*
country of destination	*země určení*
place of destination	*místo určení*
delivery note	*dodací list*
date of shipment	*datum odeslání*
place of dispatch	*místo odeslání*
to deliver	*dodat*
to load, to unload	*naložit, vyložit*
to effect delivery	*uskutečnit dodávku*
to deliver within the specified time	*dodat v určeném čase*
to dispatch, to send off	*odeslat, poslat*
to specify delivery route	*udat přepravní cestu*
shipping documents	*průvodní doklady zboží*
dispatch department	*expediční oddělení*
goods in transit	*zboží na cestě*

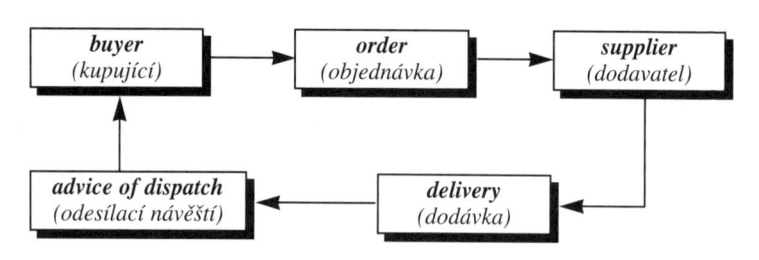

```
buyer       →   order         →   supplier
(kupující)      (objednávka)      (dodavatel)
   ↑                                  ↓
advice of dispatch  ←   delivery
(odesílací návěští)     (dodávka)
```

1) Odesílací návěští obsahuje zprávu o odeslání zboží, připravenosti k odeslání nebo odebrání, platebních podmínkách:

In accordance with your instructions we shipped the following consignment of... by S.S. OHIO to your address today.	*V souladu s Vašimi instrukcemi jsme zaslali následující zásilku... parníkem OHIO dnes na Vaši adresu.*

Your order 65/91/67A is being shipped aboard S.S. Marion scheduled to sail 25th June.	Vaše zakázka 65/91/67A je nakládána na palubu parníku Marion, který má vyplout 25. června.
The consignment 789/BCA has been shipped today by S.S. OMARA sailing out of Rotterdam to your agent in Melbourne.	Zásilka 789/BCA byla dnes odeslána parníkem Omara plujícím z Rotterdamu k Vašemu zástupci do Melbourne.
We have today completed your order No... and are awaiting your shipping instructions.	Dnes jsme vyřídili Vaši objednávku č. ... a očekáváme Vaše nalodovací pokyny.
In the very near future you will receive the following consignment:	Velmi brzy obdržíte následující dodávku:
The goods can be sent by air from ... to ..., from there, they can be transported by lorry to ...	Zboží může být zasláno letecky z ... do ... a odtud může být přepraveno nákladním autem do ...
Shipment will be arranged so that the goods reach you in ample time for Christmas trade.	Zásilka bude vybavena tak, aby Vás zastihla v dostatečném předstihu před vánočním trhem.
We will be able to deliver to your factory in the stipulated time.	Budeme moci dodat do Vaší továrny ve sjednaném čase.

2) Odesílací a platební podmínky, přepravní dokumenty, pojištění:

The conditions of delivery are the same as those mentioned in our contract of November 12.	Dodací podmínky jsou stejné jako podmínky uvedené v naší smlouvě z 12. listopadu.
In accordance with your instructions, we have prepared the first consignment to the value of...	V souladu s Vašimi instrukcemi jsme připravili první zásilku v hodnotě...
We are enclosing invoices in triplicate together with Customs declaration.	Přikládáme faktury ve trojím vyhotovení spolu s celním prohlášením.
Prices include freight, insurance and our profit.	Ceny zahrnují dopravné, pojištění a náš zisk.

The shipping documents will be handed to you by the... bank in... against settlement of the invoiced amount.	*Dopravní doklady Vám budou předány... bankou v... proti zaplacení fakturované částky.*
We shall take care of insurance ourselves.	*O pojištění se postaráme.*
The shipping documents will be delivered to you through the... bank against acceptance of a 20 days' sight draft.	*Dopravní doklady Vám budou doručeny... bankou proti akceptaci 20ti denní směnky na viděnou.*
The B/L is to be made in triplicate and we request to send all three copies to our address.	*Akreditiv musí být vyhotoven třikrát a požadujeme zaslat všechny tři kopie na naši adresu.*
Please accept this draft and remit it to the..., after this you are free to dispose of the documents as you wish.	*Prosím akceptujte tuto směnku a zašlete ji..., poté můžete volně disponovat doklady jak si přejete.*
The invoice must be properly filled out and witnessed.	*Faktura musí být řádně vyplněna a osvědčena.*

3) Zpoždění dodávky:

We cannot give you confirmation of dispatch as we are still negotiating with the suppliers, but we assure you that the confirmation will reach you by the next post.	*Nemůžeme Vám předat potvrzení o odeslání zboží, protože stále ještě jednáme s dodavateli, ale ujišťujeme Vás že Vám, potvrzení dojde v příští poště.*
We apologize for the delay in dispatch and hope that the consignment will reach you in time.	*Omlouváme se za opožděné odeslání a doufáme, že Vám zásilka dojde včas.*
We are now in a position to inform you that we shall not be able to deliver the goods in stipulated time.	*Jsme nuceni Vás informovat, že nebudeme schopni dodat zboží v určeném čase.*
Because of heavy demands we cannot promise shipment before 20th December 20..	*Kvůli velké poptávce nejsme schopni slíbit dodávku před 20. prosincem 20..*

Dear Sirs,

Thank you for your order No. 345/876 of 25th September for:

500 cases of hair-spray **Black Sea**

They have been shipped today by the S.S „Ohio" sailing out of Brighton to your agent in Melbourne, Australia, Mr. Watt, Narrow Street 34/67.

We note that the freight will be paid by the consignee and that the insurance will be covered by you.

We have, in accordance with your instructions, sent one copy of the B/L to Mr. Watt and are enclosing the remaining two copies and the Consular Invoice in this letter.

Yours faithfully,

have been shipped	*byly odeslány*
sailing out	*vyplouvající*
the freight... consignee	*dopravné bude placeno příjemcem*
the insurance... by you	*pojištění bude kryto Vámi*
B/L = bill of lading	*konosament, nákladní list*
Consular Invoice	*konsulární faktura*

COMPLAINT, CLAIM   REKLAMACE

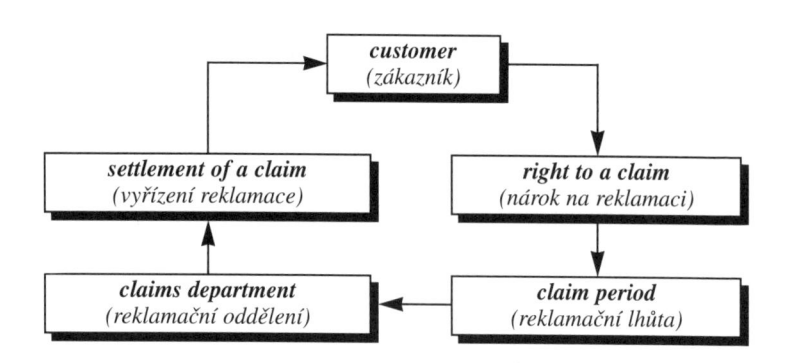

to acknowledge a claim	*uznat reklamaci*
to assert a claim	*uplatnit reklamaci*
to bring complaints	*předkládat stížnosti*
to abandon a claim	*upustit od reklamace*
to file a complaint with sb	*podat někomu reklamaci*
to handle, to settle a complaint	*vyřídit reklamaci*
to hear a complaint	*projednávat reklamaci*
to investigate a complaint	*vyšetřit reklamaci*
to resolve a claim	*řešit reklamaci*
to lodge a complaint about	*reklamovat něco*
to make a complaint	*podat reklamaci*
to reject, to deny a complaint	*odmítnout stížnost*
to have a cause for complaint	*mít důvod pro reklamaci*
to make allowance for a claim	*přihlédnout k reklamaci*

```
           ┌──────────────────┐
           │    customer      │
     ┌────▶│   (zákazník)     │────┐
     │     └──────────────────┘    │
     │                             ▼
┌─────────────────┐         ┌──────────────────┐
│ settlement of   │         │  right to a      │
│    a claim      │         │     claim        │
│(vyřízení        │         │(nárok na         │
│  reklamace)     │         │  reklamaci)      │
└─────────────────┘         └──────────────────┘
     ▲                             │
     │                             ▼
┌─────────────────┐         ┌──────────────────┐
│    claims       │         │   claim period   │
│  department     │◀────────│ (reklamační      │
│(reklamační      │         │    lhůta)        │
│   oddělení)     │         │                  │
└─────────────────┘         └──────────────────┘
```

cause for complaint	*příčina reklamace*
goods under complaint	*reklamované zboží*
legitimate complaint	*oprávněná reklamace*
illegitimate complaint	*neoprávněná reklamace*
letter of complaint	*písemná reklamace*
well-founded claim	*odůvodněná reklamace*
handling claims	*vyřizování reklamací*

1) Kupující popisuje závady, které zjistil:

I regret to have to inform you, that the clients are not satisfied with the quality of the...	S lítostí Vám musím sdělit, že klienti nejsou spokojeni s kvalitou...
On unpacking the cases we have found part of the goods badly damaged.	Po rozbalení beden jsme nalezli část zboží dosti poškozenou.
To our regret we have to inform you that the... does not conform to the standards in quality of the sample upon which the order was based.	S lítostí Vám musíme sdělit, že... neodpovídá normám kvality vzorku, na jehož základě bylo objednáno.
There is a deficiency in weight amounting to...	Je zde rozdíl ve váze, který činí...
The consignment of... was delivered 75 pieces short.	V zásilce... bylo dodáno o 75 kusů méně.
The enclosed Certificate of Damage shows a damage certified on arrival.	Přiložené potvrzení o škodě vykazuje škodu, která byla ověřena po příjezdu.
As the consignment is three cases short, we request you kindly to settle the deficiency.	Protože v zásilce je o tři bedny méně, žádáme Vás o urovnání rozdílu.
We much regret that we have to complain about the way in which the consignment has been packed.	Litujeme, že musíme reklamovat způsob balení zásilky.
The damage appears to have been caused solely by rough handling in transit.	Zdá se, že škoda byla zapříčiněna pouze nevhodným zacházením při přepravě.

2) Kupující požaduje náhradu škody či jiné řešení:

Through such delay considerable expenses are incurred for which you are responsible.	Takovýmto zpožděním vznikly značné náklady, za které nesete zodpovědnost Vy.

We can accept the goods only on condition that an adequate reduction in price is granted.	*Můžeme přijmout zboží pouze za podmínky, že bude poskytnuta odpovídající sleva z ceny.*
We decline to bear freight cost of the replacement.	*Odmítáme nést dopravní náklady náhradní dodávky.*
In view of these facts we claim from you indemnity to the amount of...	*S přihlédnutím k těmto skutečnostem od Vás požadujeme náhradu škody ve výši...*
We must ask you to take steps to see that such situation as this does not arise again in the future.	*Musíme Vás požádat, abyste přijali kroky k tomu, aby takováto situace v budoucnosti nevznikla.*
In these circumstances we are forced to send the consignment back to you.	*Za těchto okolností jsme nuceni Vám zaslat zásilku zpět.*
We are disappointed about the lack of care you have taken in the execution of our order.	*Jsme nespokojeni s nedostatkem péče, který jste věnovali vyřízení naší objednávky.*
The goods are by no means up to the standards asked for.	*Zboží neodpovídá v žádném případě požadovaným normám.*

3) Prodávající se omlouvá a je připraven reklamaci uznat popř. zdůvodňuje její odmítnutí:

We very much regret that you have reason to complain of the late delivery.	*Litujeme, že máte důvod k reklamaci pozdní dodávky.*
We are sorry to learn that you have felt it necessary to complain about our last shipment of...	*S lítostí se dozvídáme, že jste považovali za nutné reklamovat naši poslední dodávku...*
We have investigated the matter and have come to the following conclusions:	*Prošetřili jsme celou věc a dospěli jsme k následujícím závěrům:*
The reason for delay has been the difficulty in obtaining an Export Licence.	*Důvodem zpoždění bylo nesnadné získání vývozní licence.*

A replacement consignment has already been shipped to you.	*Náhradní dodávka Vám byla již zaslána.*
The damage clearly occurred after loading and must therefore have taken place during the voyage or at the port of destination.	*Ke škodě jednoznačně došlo po nalodění a muselo k ní proto dojít během cesty nebo v přístavu určení.*
We trust you will agree to a reduction in the price of this consignment.	*Věříme, že budete souhlasit se snížením ceny zásilky.*
We are so pressed by orders at the present that we cannot deliver as promptly as we should wish.	*Jsme v současnosti tak zatíženi objednávkami, že nemůžeme dodávat tak rychle jak bychom si přáli.*
We are prepared to make compensation for...	*Jsme připraveni Vás odškodnit za...*
We are unable to grant you a discount of 7%, we are ready to allow 5% (per cent).	*Nemůžeme Vám poskytnout slevu 7%, jsme připraveni Vám dát slevu 5%.*
The delay was caused by circumstances beyond our control.	*Zpoždění bylo zapříčiněno okolnostmi stojícími mimo naši kontrolu.*
Some of our largest customers have suspended payments and this has resulted in our firm having financial difficulties.	*Někteří z našich velkých zákazníků zastavili platby, což mělo za následek finanční potíže naší firmy.*

4) Reklamace týkající se placení:

We have just been advised by our bank in... that you have not honoured our sight - draft for...	*Bylo nám oznámeno naší bankou v..., že jste dosud neuhradili naši směnku na viděnou na... (částku)*
We are sorry to find that our invoice of 10th July amounting to $ 600,- is still outstanding.	*S lítostí zjišťujeme, že naše faktura z 10. července na částku 600,- dolarů ještě není uhrazena.*

We informed you that our draft No 1234 for... due on 20th July had not yet been honoured.	*Informovali jsme Vás o tom, že naše směnka č. 1234 na... splatná 20. července ještě nebyla uhrazena.*
If we do not receive payment for this shipment by 20th November we shall have to stop all further supplies to you.	*Neobdržíme-li úhradu za tuto dodávku do 20. listopadu, budeme Vám muset zastavit všechny další dodávky.*

Dear Sirs,

The 2.000 perfume bottles ordered by us on 21st June and about which we wrote to you on 6th August urging delivery, reached us yesterday.

On unpacking the cases we have found part of the bottles badly damaged. The damage appears to have been caused solely by rough handling in transit.

The colour of the bottles does not conform to the sample upon which the order was based. We have ordered colour No. 75 - dark blue and you have delivered No. 65 - dark green

We can accept this consignment only on condition that an adequate reduction in price is granted, and we suggest one-third of the price would be a reasonable figure.

Please confirm your willingness to agree to this reduction, and on receipt of it we shall remit the balance of the invoiced price.

Yours faithfully,

to urge delivery	*požadovat dodávku*
badly damaged	*dosti poškozené*
rough handling	*nevhodné zacházení*
does not conform	*neodpovídá*
accept this consignment	*přijmout tuto dodávku*
an adequate reduction	*odpovídající sleva*
reasonable figure	*rozumná částka*
confirm your willingness	*potvrďte svou ochotu*
remit the balance...price	*převést zůstatek účtované částky*

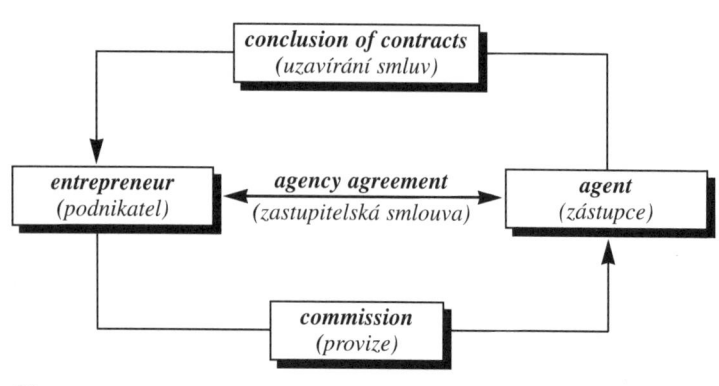

CORRESPONDENCE WITH AGENT
KORESPONDENCE SE ZÁSTUPCEM

act on a commission basis	*jednat na bázi provize*
act as a selling agent	*jednat jako zástupce pro prodej*
appoint an agent	*jmenovat zástupce*
act on sb's behalf	*jednat něčím jménem, v zastoupení koho*
allow a commission	*poskytnout provizi*
to claim a commission	*požadovat provizi*
to reduce a commission	*snížit provizi*
sale on commission	*prodej na provizi*
charge a commission	*vyúčtovat provizi*
receive a commission	*dostávat provizi*
legitimate commission	*oprávněná provize*
net / gross commission	*netto / bruto provize*
sliding commission	*proměnná provize*
commission agent	*zástupce na provizi*
sole/exclusive agent	*výhradní zástupce*
salesman, business agent	*obchodní zástupce*
insurance agent	*pojišťovací agent*
estate agent	*realitní agent*

```
                    ┌─────────────────────────┐
                    │ conclusion of contracts │
                    │   (uzavírání smluv)     │
                    └─────────────────────────┘
                     ↓                        │
         ┌──────────────┐  agency agreement  ┌──────────┐
         │ entrepreneur │ ←───────────────→  │  agent   │
         │ (podnikatel) │ (zastupitelská     │(zástupce)│
         └──────────────┘     smlouva)       └──────────┘
                     │                        ↑
                    ┌─────────────────────────┐
                    │       commission        │
                    │       (provize)         │
                    └─────────────────────────┘
```

1) Získání a jmenování obchodního zástupce:

We are looking for a reliable and capable local agent to act for us on a commission basis.	*Hledáme spolehlivého a schopného místního zástupce, který by pro nás pracoval na bázi provize.*
We are approaching you with an offer to act on our behalf.	*Obracíme se na Vás s nabídkou jednat naším jménem.*
Please let us know on what conditions you would undertake this service for us.	*Dejte nám prosím vědět za jakých podmínek byste se této služby ujal.*
We should expect you to investigate the probable market and also act as our selling agent.	*Očekáváme, že prozkoumáte možný trh a budete jednat jako náš zástupce pro prodej.*
We know that you deal in... and we are writing to ascertain if you are interested in marketing our products on a commission basis.	*Víme, že obchodujete s... píšeme Vám, abychom se dozvěděli zda máte zájem prodávat naše výrobky na bázi provize.*
We should like to appoint an agent in... so as to maintain a closer touch with our customers.	*Chtěli bychom jmenovat zástupce v..., abychom udrželi těsnější kontakt se svými zákazníky.*
More samples will be sent to you on request.	*Na požádání Vám bude zasláno více vzorků.*

2) Závazky vyplývající ze spolupráce:

Please be kind enough to act on our behalf in this affair and let us know, as soon as possible the result of it.	*Buďte prosím tak laskavi a jednejte v této záležitosti naším jménem, dejte nám vědět pokud možno co nejdříve výsledek.*
We firmly believe that you will be active enough to overcome the difficulties of introducing our products into the local market.	*Pevně věříme, že svou aktivitou překonáte potíže spojené se zaváděním našich výrobků na místní trh.*

We hope you will do your best to create a good demand for our products on your market.	*Doufáme, že uděláte to nejlepší, abyste vytvořili dobrou poptávku po našich výrobcích na Vašem trhu.*
This agreement is to be in force for ten months.	*Tato smlouva má platnost 10 měsíců.*

3) Poskytování a výpočet provize:

We are willing to allow you a commission of 7 per cent on net sales.	*Jsme ochotni Vám poskytnout provizi ve výši 7% z čistého prodeje.*
You may claim commission only after full payment of the invoiced amount.	*Smíte požadovat provizi pouze po plném zaplacení fakturované částky.*
We are enclosing our cheque for... as reimbursement for the charges paid by you.	*Přikládáme náš šek ve výši... jako krytí Vámi placených poplatků.*
Owing to the bad state of the market we have been obliged to reduce your commission from 6 to 4 per cent.	*Vzhledem k špatné situaci na trhu jsme nuceni snížit Vaši provizi z 6 na 4%.*

Dear Mr. Greenwood,

We are in full agreement with your letter of 10th September and hereby appoint you our general agent for Sweden. We undertake to transact all business with that country through you alone, in return you will look after our interests to the best of your ability in the whole of Sweden, and this, if necessary, through sub-agents to be appointed by you.

We are particularly keen on developing our trade in the district of Stockholm, we expect you to make considerable efforts to further our interests in that region.

We cannot, at present, contribute directly to expenses, but we shall allow you $ 500,- per month to enable you to establish and maintain a showroom for our firm. We are also prepared to let you have some samples to the total value of $ 2.000,- free of charge, such samples remaining the property of our firm.

We request you to be particularly careful in granting credit.

For further details as to terms please refer to the enclosed contract.

Yours faithfully,

we are in... with	plně souhlasíme s
appoint you our	Vás jmenujeme naším
we undertake... all business	zavazujeme se realizovat všechny obchody
look after... ability	budete zastávat naše zájmy podle svých nejlepších schopností
sub-agent	podzástupce
we are particularly keen on	zvláště nám záleží
make considerable efforts	vyvinout značné úsilí
contribute directly to expenses	přímo se podílet na nákladech
enable you... for our firm	abychom Vám umožnili zřídit a udržovat výstavní prostor pro naši firmu
samples to... of charge	vzorky v hodnotě..., zdarma
remaining... our firm	zůstávají vlastnictvím naší firmy

ADVERTISEMENT, ADVERTISING — REKLAMA

to run advertising/advertisements, to advertise	dělat reklamu
to engage in advertising	provádět
to cover advertising from one's own resources	reklamu krýt z vlastních prostředků
ads are running	reklama běží
advertising targeted to the audience	reklama zaměřená na zákazníka
targeted advertising	cílená reklama

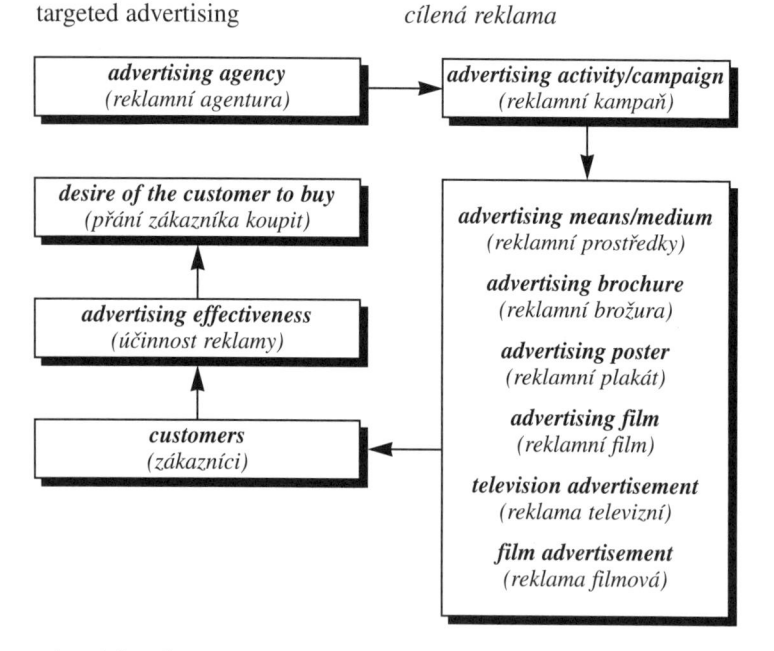

advertising agency (*reklamní agentura*) → **advertising activity/campaign** (*reklamní kampaň*)

desire of the customer to buy (*přání zákazníka koupit*)

advertising effectiveness (*účinnost reklamy*)

customers (*zákazníci*)

advertising means/medium (*reklamní prostředky*)

advertising brochure (*reklamní brožura*)

advertising poster (*reklamní plakát*)

advertising film (*reklamní film*)

television advertisement (*reklama televizní*)

film advertisement (*reklama filmová*)

advertising department	reklamní oddělení
restriction of advertising	omezení reklamy
advertising slogan	reklamní slogan
prohibition of advertising	zákaz reklamy
advertising expenses	výdaje na reklamu
misleading advertising	klamavá reklama
advertisement manager	šéf reklamy
sales promotion	prodejní reklama

NÁZVY STÁTŮ

Albania	*Albánie*	Israel	*Izrael*
Australia	*Austrálie*	Japan	*Japonsko*
Austria	*Rakousko*	Kuwait	*Kuvajt*
Belgium	*Belgie*	Lichtenstein	*Lichtenštejnsko*
Bolivia	*Bolívie*	Luxembourg	*Lucembursko*
Brazil	*Brazílie*	Mexico	*Mexiko*
Bulgaria	*Bulharsko*	The Netherlands	*Nizozemí*
Canada	*Kanada*	New Zealand	*Nový Zéland*
China	*Čína*	Norway	*Norsko*
Cuba	*Kuba*	The Phillippines	*Filipíny*
Cyprus	*Kypr*	Poland	*Polsko*
Czech Republic	*Česká republika*	Portugal	*Portugalsko*
Denmark	*Dánsko*	Romania	*Rumunsko*
Egypt	*Egypt*	Russia	*Rusko*
Finland	*Finsko*	Saudi Arabia	*Saúdská Arábie*
France	*Francie*	Singapore	*Singapur*
Germany	*Německo*	South Africa	*Jihoafrická republika*
Great Britain	*Velká Británie*	Spain	*Španělsko*
Greece	*Řecko*	Sweden	*Švédsko*
Hungary	*Maďarsko*	Switzerland	*Švýcarsko*
India	*Indie*	Thailand	*Thajsko*
Iceland	*Island*	Tunisia	*Tunisko*
Ireland	*Irsko*	Turkey	*Turecko*
Italy	*Itálie*	United States of America	USA

BUSINESS COMPANIES
OBCHODNÍ SPOLEČNOSTI

PARTNERSHIP

a) **Unlimited Partnership** - obchodní společnost s neomezeným ručením všech společníků

b) **Limited Partnership** - (obdoba komanditní společnosti)
general partners - společníci ručící za závazky firmy neomezeně
limited partners - společníci ručící pouze do výše svého vkladu

COMPANY

a) **Unlimited Company** - (spol. s ručením neomezeným) společníci ručí za závazky firmy neomezeně svým majetkem

b) **Company Limited by Guarantee** - společnost, v níž jsou společníci povinni vnést do firmy vklad do výše vymezené ve stanovách nestačí-li její jmění ke krytí závazků

c) **Private Limited Company** - (společnost s ručením omezeným) (Closed Corporation, Privately-Held Corporation - USA)

d) **Public Limited Company** - (akciová společnost) (Stock Corporation, Incorporated Company - USA) kapitál společnosti je rozdělen na akcie

BUSINESS COMBINATIONS

a) **Mergers** - fúze, splynutí společností

b) **Joint ventures** - společné podnikání

c) **Consolidations** - splynutí společností

d) **Strategic alliances** - strategická partnerství

e) **Trade associations** - obchodní sdružení

VÝRAZY Z OBLASTI SPOLEČNOSTÍ

foundation, establishment	*založení*
property, possessions	*majetek*
to operate a business for profit	*vést společnost za účelem dosažení zisku*
partners' liability	*ručení společníků*
personal liability	*osobní ručení*
unlimited liability	*neomezené ručení*
regulations, articles, charter, statutes	*stanovy*
partnership agreement	*společenská smlouva*
buy/sell agreement	*smlouva řešící nakládání s podílem odstupujícího společníka*
key man life insurance	*pojištění klíčového společníka zajišťující plynulý chod společnosti v případě jeho smrti*
right of first refusal	*právo přednostního odkupu podílu odstupujícího společníka danou společností nebo jejími členy*
management of the company	*vedení společnosti*
supervisory body	*dozorčí orgány*
to put funds into the business	*vložit vklad do společnosti*
limited transferability of ownership	*omezená převoditelnost vlastnictví*
free transferability of interests	*volná převoditelnost podílů*
allocation of the profits and losses	*rozdělení zisků a ztrát*
share the profit	*podílet se na zisku*
partner's responsibilities and duties	*povinnosti a závazky společníka*
withdraw from the company	*vystoupit ze společnosti*

admission of new partners	přijetí nových společníků
dissolution of the company	rozpuštění společnosti
duration of the company	doba trvání společnosti
amount and time of contributions	částka a termín vkladů do společnosti
share, share of stock, stock	akcie
the sale of stocks	prodej akcií
dividend	dividenda
to raise capital	navýšit kapitál
commercial register	obchodní rejstřík
certificate of incorporation	potvrzení o zanesení společnosti do obchodního rejstříku
close the books	dělat uzávěrku
statement of account	účetní uzávěrka
excess for a year	roční přebytek

ORGÁNY AKCIOVÉ SPOLEČNOSTI

- Board of Management - Board of Directors - Executive Board	*představenstvo*
Member of the Board of Management	*člen představenstva*
Deputy Member of the Board of Management	*představitel představenstva*
- Managing Director - Chief Executive Officer - Chairman of the Board of Management	*předseda představenstva*
Vice Chairman of the Board of Management	*místopředseda představenstva*
- Managing Director - Chief Executive Officer - Chairman of the Board of Management	*mluvčí představenstva*
Supervisory Board	*dozorčí rada*
Member of the Supervisory Board	*člen dozorčí rady*
Chairman of the Supervisory Board	*předseda dozorčí rady*
Vice Chairman of the Supervisory Board	*místopředseda dozorčí rady*
General Manager	*generální zmocněnec*
Director of Labour Relations	*ředitel zastupující zaměstnance*
Authorized Officer	*prokurista*
Assistant Manager	*zplnomocněný jednatel*
Chairman of the Administrative Board	*předseda správní rady*
Advisory Board	*poradní rada*
- Shareholders' Meeting - General Meeting	*valná hromada*
shareholder	*akcionář*

ORGÁNY SPOLEČNOSTI S RUČENÍM OMEZENÝM

Director	*vedoucí s. r. o., generální ředitel*
- Managing Director - Chairman of the Board of Directors	*Výkonný ředitel, ředitel managementu*
Authorized Officer	*prokurista*
Assistant Manager	*zplnomocněný jednatel*
Supervisory Board	*dozorčí rada*
Advisory Board	*poradní rada*
- Shareholders' Meeting - General Meeting	*valná hromada společníků*
Shareholder / Member	*společník*

Uvedené termíny patří do oblasti anglického práva. Americké právo používá někdy odlišnou terminologii.

DOKUMENTY POUŽÍVANÉ V ZAHRANIČNÍM OBCHODĚ

air consignment note	*letecký nákladní list*
bill	*účtenka*
bill of exchange	*směnka*
bill of lading	*konosament*
certificate of analysis	*osvědčení o analýze*
certificate of insurance	*pojistný certifikát*
certificate of loss	*osvědčení o pojistné příhodě*
certificate of origin	*osvědčení o původu*
certificate of value	*osvědčení o ceně*
charter party	*smlouva o nájmu lodi, letadla*
cheque	*šek*
circular letter of credit	*okružní akreditiv*
claim bill	*účet škod*
commercial invoice	*obchodní faktura*
confirmed letter of credit	*potvrzený akreditiv*
consignment note	*nákladní list*
consular invoice	*konsulární faktura*
contract of insurance	*pojistná smlouva*
credit note	*dobropis*
customs invoice	*celní faktura*
damage account	*účet vyjadřující výši škody*
delivery note	*dodací list*
delivery order	*příkaz k vydání procleného zboží*
dock warrant	*dokový skladní list*
document of title	*listina dokazující vlastnictví*
documentary letter of credit	*dokumentární akreditiv*
draft at sight	*vista směnka*

floating policy	*otevřená pojistka*
forwarding agent's receipt	*potvrzení speditéra*
import licence	*dovozní povolení*
insurance policy	*pojistka*
invoice of shipper	*faktura přepravce*
irrevocable letter of credit	*neodvolatelný akreditiv*
letter of credit	*akreditiv*
letter/certificate of guarantee	*záruční list*
mate's receipt	*potvrzení o převzetí zboží podepsané prvním důstojníkem*
open cover	*všeobecná pojistná smlouva*
payments agreement	*platební dohoda*
personal letter of credit	*osobní akreditiv*
proforma invoice	*proforma faktura*
provisional invoice	*prozatímní faktura*
quality certificate	*osvědčení o jakosti*
quota list	*zbožová listina*
received for shipment bill of lading	*přejímací konosament*
reimboursement letter of credit	*remboursní akreditiv*
revocable letter of credit	*odvolatelný akreditiv*
sanitary certificate	*zdravotní osvědčení*
shipped bill of lading	*palubní konosament*
shipping note	*naloďovací list*
survey report	*havarijní certifikát*
through bill of lading	*průběžný konosament*
warehouse warrant	*skladištní list*
weight certificate	*osvědčení o váze*
wharfinger's receipt	*potvrzení správce pobřežních ramp o převzetí zboží k naložení nebo uskladnění*

BANK BANKA

to have an account with...Bank	mít peníze u...banky
to have money in the bank	mít peníze v bance
to open an account with a bank	otevřít si konto v bance
withdrawal	vyzvednutí peněz z banky
to make a deposit with a bank	deponovat peníze u banky
to close a bank account	zrušit bankovní účet
to draw a cheque on a bank	vystavit šek na banku
to transfer 500 $ to XY Bank	převést 500 $ do banky XY
bank with...	mít konto u...

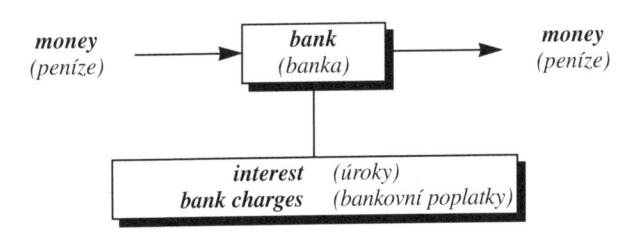

money (peníze) → *bank* (banka) → *money* (peníze)

interest (úroky)
bank charges (bankovní poplatky)

advice by a bank	avízo banky
through the bank	prostřednictvím banky
bank account	bankovní účet
bank agent	zástupce banky
bank secret	bankovní tajemství
bank credit	bankovní úvěr
bank statement	bankovní výpis
bank balance	stav bankovního účtu
bank guarantee	bankovní záruka
bank business	bankovní obchod
bank branch	bankovní pobočka
banking rules	bankovní pravidla
bank transfer	bankovní převod
banker's order	trvalý bankovní příkaz

CREDIT — ÚVĚR

to cover credit	krýt úvěr
to extend credit	rozšířit
to request credit	požadovat
to grant credit	povolit
to establish, to open credit	otevřít
to give, to grant credit	poskytnout
to use, to employ credit	užívat
to withdraw credit	vypovědět
to give a credit extension	prodloužit
to pay in instalments	splácet ve splátkách
to give on credit	dávat na dluh
to buy sth on credit	koupit něco na úvěr

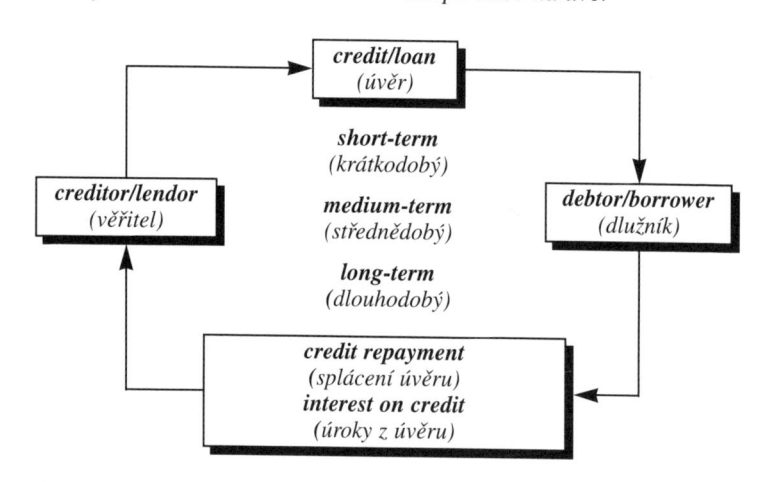

credit/loan (úvěr)

creditor/lendor (věřitel) → *debtor/borrower* (dlužník)

- **short-term** (krátkodobý)
- **medium-term** (střednědobý)
- **long-term** (dlouhodobý)

credit repayment (splácení úvěru)
interest on credit (úroky z úvěru)

lending institution	úvěrový ústav
reimbursement of credit	krytí úvěru
grant of credit	poskytnutí úvěru
cancellation of credit	vypovězení úvěru
making use of credit	čerpání úvěru
overdrawing a line of credit	překročení úvěru
credit limit	úvěrový limit
credit transaction	úvěrová transakce

INSURANCE — POJIŠTĚNÍ

to effect insurance	uzavřít pojištění
to offer insurance	nabídnout
to increase insurance	zvýšit
to renew insurance	obnovit
to cancel insurance	vypovědět
to take out insurance	sjednat
to be in force from...	začít platit od...
to cover a loss by insurance	krýt škodu pojištěním
to be insured	být pojištěn

conclusion of an insurance policy/agreement/contract
(uzavření pojistné smlouvy)

the insurer *(pojistitel)*

the insured/policy holder *(pojištěný)*

insurance policy/agreement/contract
(pojistná smlouva)

pension insurance	důchodové pojištění
health insurance	nemocenské pojištění
unemployment insurance	poj. v případě nezaměstnanosti
casualty insurance	úrazové pojištění
life insurance	životní pojištění
fire insurance	pojištění proti požáru
theft insurance	pojištění proti krádeži
transportation insurance	pojištění dopravy
legal insurance	pojištění zákonné
credit insurance	pojištění úvěru

insurance company	pojišťovna
insurance terms and conditions	pojistné podmínky
commencement of insurance coverage	počátek pojistného krytí
termination of insurance coverage	konec pojistného krytí
term of insurance coverage	délka pojistného krytí
insurance coverage	pojistné krytí
insured event	pojistná událost
insured amount	pojistná částka
insured value	pojistná hodnota
insurance policy	pojistka

BOOKKEEPING, ACCOUNTING — ÚČETNICTVÍ

to set up the books	*založit účetní knihy*
to keep the books	*vést účetní knihy*
to close the books	*uzavřít účetní knihy*
to record business transactions	*zaznamenat obchodní případy*
to prepare financial statements	*připravovat finanční výkazy*
to charge the amount	*účtovat částku*
to enter the amount	*zanést částku*
to issue an invoice (bill)	*vystavit fakturu*
to bill sb for sth	*fakturovat komu za co*
to evaluate business operations	*posoudit obchodní operace*
to pay obligations in time	*platit závazky včas*
to defer the payment	*odložit placení*
to subtract the costs	*odečíst náklady*
to minimize the expenses	*minimalizovat výdaje*
to foot	*sečíst částky účetních knih ve sloupcích*
to post	*převést částky z deníků do hlavní knihy*
the books are in balance	*účetní knihy jsou vyrovnané*
the bills are due	*faktury jsou splatné*

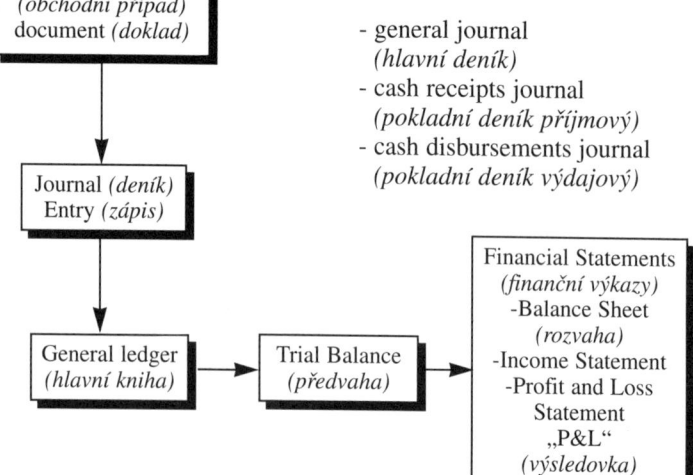

Business transaction *(obchodní případ)*
document *(doklad)*

↓

Journal *(deník)*
Entry *(zápis)*

- general journal *(hlavní deník)*
- cash receipts journal *(pokladní deník příjmový)*
- cash disbursements journal *(pokladní deník výdajový)*

↓

General ledger *(hlavní kniha)* → Trial Balance *(předvaha)* →

Financial Statements *(finanční výkazy)*
- Balance Sheet *(rozvaha)*
- Income Statement
- Profit and Loss Statement „P&L" *(výsledovka)*

single-entry accounting	*jednoduché účetnictví*
double-entry accounting	*podvojné účetnictví*
accounting period	*účetní období*
end (beginning) of an accounting period	*konec (počátek) účetního období*
accounting equation	*zásada účetní rovnosti*
outside accountant	*externí daňový poradce*
accounting fees	*poplatky za vedení účetnictví*
accounting (bookkeeping) system	*účetní systém*
set of books	*sada účetních knih*
accounts receivable - A/R	*pohledávky, účty dlužníků*
accounts payable - A/P	*závazky, účty věřitelů*
past-due accounts	*účty po lhůtě splatnosti*
late-paying customers	*pozdě platící zákazníci*
cash surplus	*finanční přebytek*
cash flow shortage	*nedostatek finanční hotovosti*
cash outflows (inflows)	*odliv (příliv) peněz do firmy*
completion of the invoice	*vyhotovení faktury*
depreciation	*odpisy*
entries	*zápisy v účetních knihách*

BALANCE SHEET — ROZVAHA

ASSETS *Aktiva*	LIABILITIES AND CAPITAL *Pasiva a kapitál*
Current Assets *běžná aktiva*	**Current Liabilities** *krátkodobé závazky*
Cash *hotovost*	Accounts payable *závazky*
Accounts receivable *pohledávky*	Wages payable *mzdy*
Inventory *zboží na skladě*	Total Current Liabilities *krátkodobé závazky celkem*
Prepaid Insurance *zaplacené pojištění*	**Long-Term Liabilities** *dlouhodobé závazky*
Total Current Assets *běžná aktiva celkem*	Bank Loan Payable *úvěr u banky*
Fixed Assets *základní prostředky*	Total Long-Term Liability *dlouhodobé závazky celkem*
Equipment *stroje a zařízení*	Total Liabilities *pasiva celkem*
Depreciation *odpisy (odečíst)*	**Capital** *kapitál*
Total Fixed Assets *základní prostředky celkem*	

TOTAL ASSETS = **TOTAL LIABILITIES/ CAPITAL**
Celkem aktiva   *Celkem pasiva/kapitál*

INCOME STATEMENT   VÝSLEDOVKA
(PROFIT AND LOSS STATEMENT)

For the Year Ended December 31, 2000

Sales	**Prodej**	**100**
Cost of Goods Sold	*(náklady na prodané zboží)*	
Beginning Inventory	*(počáteční zásoba)*	10
Add: Purchases	*(přičíst nákupy)*	30
Total	*(celkem)*	40
Less: Ending inventory	*(minus konečná zásoba)*	15
Cost of Goods Sold	*(náklady na prodané zboží)*	25
Gross Profit	***(hrubý zisk)***	**75**
Expenses	*(výdaje)*	
Advertising	*(reklama)*	8
Depreciation	*(odpisy)*	12
Insurance	*(pojištění)*	3
Payroll taxes	*(daň ze mzdy)*	5
Rent	*(nájem)*	5
Repairs and maintance	*(opravy a udržování)*	7
Utilities	*(služby)*	12
Wages	*(mzdy)*	14
Total Expenses	*(celkové výdaje)*	**66**
Net Income	*(čistý zisk)*	**9**

PLANE — LETADLO

I would like to book two seats on the Glasgow plane on the seventh of June.	*Chtěl bych rezervovat dvě místa v letadle do Glasgowa na sedmého června.*
Please, book two air-tickets for the New York plane for me, I'll call for them tomorrow.	*Prosím, rezervujte mi dvě letenky na letadlo do New Yorku, vyzvednu si je zítra.*
On what days can I fly by KLM and what are the times of Delta flights?	*V které dny létá KLM a kdy Delta?*
What days does the Paris plane fly?	*Ve které dny létá letadlo do Paříže?*
What time does the Liverpool plane take off?	*V kolik hodin letí letadlo do Liverpoolu?*
I'd like to book a chartered flight to Los Angeles.	*Rád bych objednal zlevněnou letenku do Los Angeles.*
Are there any seats on today's flight?	*Máte ještě volná místa na dnešek?*
Are there any seats on the next flight?	*Nebylo by volné místo v dalším letadle?*
Is it a non-stop flight?	*Je to přímý let?*
Is there any intermediate landing?	*Má letadlo mezipřistání?*
How long does the flight take?	*Jak dlouho trvá let?*
I'll come and pay tomorrow when I collect the air-tickets.	*Zítra přijdu zaplatit a vyzvednu si letenky.*
How much is an air-ticket, business class, please?	*Kolik stojí letenka třídy business?*
Can you endorse my flight to Melbourne?	*Můžete mi potvrdit let do Melbourne?*

At what time do we have to check in at the airport?	*V kolik hodin musíme být na letišti odbaveni?*
What is the allowed weight for luggage?	*Jaká je povolená váha zavazadla?*
What is the charge for excess weight?	*Co se platí za nadváhu?*
Is smoking allowed on the plane?	*Smí se v letadle kouřit?*
How long do we have to wait for the Toronto plane?	*Jak dlouho musíme čekat na spojení do Toronta?*
When do I have to pay airport charges?	*Kdy musím zaplatit letištní poplatky?*

TRADE FAIR — VELETRH

to register for a trade fair	*přihlásit se na veletrh*
to exhibit, display, show	*vystavovat*
to open	*zahájit*
exhibit at	*obeslat*
to organize	*uspořádat*
to take part in	*účastnit se*
to visit	*navštívit*
to rent the exhibition area	*pronajmout výstavní plochu*
to be published in the catalogue	*být zveřejněn v katalogu*
to construct a stand	*postavit prodejní stánek*
to dismantle a stand	*demontovat stánek*

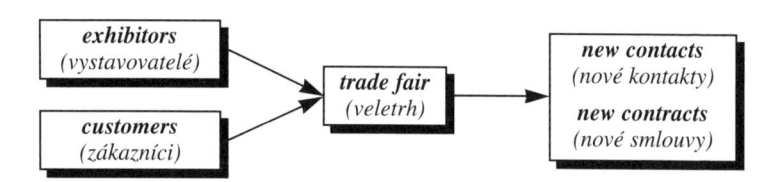

exhibitors *(vystavovatelé)*
customers *(zákazníci)*
→ **trade fair** *(veletrh)* →
new contacts *(nové kontakty)*
new contracts *(nové smlouvy)*

application form	*přihláška*
registration fee	*registrační poplatek*
press centre	*tiskové středisko*
company presentations	*firemní prezentace*
order of stand construction	*objednávka stavby stánku*
stand construction and accessories	*stavba a vybavení stánků*
stand locations	*umístění stánků*
exhibition plan	*plán veletrhu*
catalogue of exhibitors	*katalog vystavovatelů*
exhibitors' passes	*vystavovatelské průkazy*
catalogue deadline	*uzávěrka katalogu*
catalogue application	*přihláška do katalogu*
exhibition manual	*manuál výstavy*
accompanying programme	*doprovodný program*
world fair	*světová výstava*
book fair	*knižní veletrh*

HOTEL / HOTEL

English	Czech
Can you recommend me a good hotel?	Můžete mi doporučit dobrý hotel?
Can you recommend me a hotel in the centre of the town?	Můžete mi doporučit hotel v centru města?
Have you any vacancies?	Máte volné pokoje?
Can I have a double room with a bath (shower)?	Mohu dostat dvoulůžkový pokoj s koupelnou (sprchou)?
I'd like a quiet room with a balcony.	Chtěla bych klidný pokoj s balkonem.
Please book a single room for Mr. Jones for three nights starting on 3 September.	Rezervujte laskavě panu Jonesovi jednolůžkový pokoj na tři noci od 3. září.
I'd like to reserve a room with a shower in the name of...	Chtěla bych rezervovat pokoj se sprchou na jméno...
I'd like to book a single room with a shower from...to...	Chtěla bych objednat jednolůžkový pokoj se sprchou od...do...
Can I reserve a room by telephone?	Mohu rezervovat pokoj telefonem?
How much is a single room for one night?	Kolik stojí jednolůžkový pokoj na jednu noc?
Is breakfast included in the price?	Je v ceně zahrnuta snídaně?
How much is a half-board (full board)?	Kolik stojí polopenze (plná penze)?
Should we pay in advance?	Máme platit předem?
By what time do we have to check out?	Do kolika hodin musíme uvolnit pokoj?
Please send us the confirmation of our order by fax or e-mail.	Zašlete nám prosím potvrzení naší objednávky faxem nebo e-mailem.

Dear Sirs,

In accordance with our telephone call, I'd like to book a single room with a shower and a half-board in the name of Mr. Jones from...to...

Please send us the confirmation of our order by fax or e-mail and quote your price.

Yours faithfully,

in accordance	*v souladu s*
to book	*rezervovat*
in the name of...	*na jméno...*
confirmation of our order	*potvrzení naší objednávky*
quote your price	*uveďte svou cenu*

RESTAURACE — THE RESTAURANT

Do you feel like having...?	*Nemáte chuť na...?*
I don't feel like eating yet.	*Nemám ještě chuť k jídlu.*
I'd like...	*Dal bych si....*
May I invite you for a drink?	*Mohu Vás pozvat na skleničku?*
Have you had lunch yet?	*Už jste obědval?*
We'll continue our negotiations after the lunch.	*Po obědě budeme pokračovat v jednáních.*
Would you like to have dinner with us?	*Chcete se s námi navečeřet?*
No, thank you. I have already had dinner.	*Děkuji už jsem jedl.*
Is there a good, quiet restaurant near here?	*Je tu poblíž nějaká dobrá, klidná restaurace?*
Where would you like to sit?	*Kam si chcete sednout?*
Let's take that table by the window (on the terrace).	*Sedneme si k oknu (na terasu).*
Is this table free?	*Je tento stůl volný?*
Are these seats taken?	*Jsou tu volná místa?*
What shall we have?	*Co si dáme?*
What will you drink?	*Co budete pít?*
I'll have a glass of beer.	*Já si dám sklenici piva.*
What would you like as a starter?	*Co si dáte jako předkrm?*
What do you recommend ?	*Co nám doporučujete?*
What is the chef's speciality?	*Jaká je specialita šéfa kuchyně?*
I'll have a snack only.	*Dám si jen něco malého.*
I'll have the same.	*Mně totéž.*
Please, bring us...	*Prosím přineste nám... .*
Would you like...?	*Chcete...?*

Let's order some aperitifs first.	*Objednáme si nejprve aperitiv.*
What shall we have for drink?	*Co si dáme k pití?*
Which wine do you prefer, white or red?	*Máte raději bílé nebo červené víno?*
Will you have some more wine?	*Mohu Vám ještě nalít víno?*
Please, bring us another bottle of champagne.	*Přineste nám prosím ještě jednu láhev šampaňského.*
Let's drink to our health!	*Připijme si na zdraví!*
Cheers!	*Na zdraví!*
Long may you live!	*Ať slouží.*
How do you like it?	*Jak Vám to chutná?*
It's delicious.	*Je to výtečné.*
No, thank you. I've had enough.	*Ne, děkuji, už mám dost.*
Would you like to have a sweet?	*Dáte si moučník?*
I'd like a cup of coffee with milk.	*Dám si šálek kávy s mlékem.*
Would you like to have anything else?	*Přejete si ještě něco?*
May I offer you a cigarette?	*Mohu Vám nabídnout cigaretu?*
Thank you, I am a nonsmoker.	*Děkuji, jsem nekuřák.*
Waiter, the bill, please.	*Pane vrchní, platím.*

SHOPPING — NÁKUPY

Which is the biggest department store around here?	*Který je tady největší obchodní dům?*
How can I get there?	*Jak se tam dostanu?*
Can you tell me where to buy...?	*Můžete mi říci, kde bych si mohl koupit?*
I must get some presents for my family.	*Musím obstarat nějaké dárky pro rodinu.*

What time do the shops open in the morning?	*V kolik hodin obchody otevírají?*
What's the closing time?	*V kolik hodin se zavírá?*
No, thank you I am only having a look around.	*Ne, děkuji, jen se dívám.*
Could you help me, please?	*Můžete mi pomoci, prosím?*
I'd like to buy...	*Rád bych si koupil...*
May I see this...	*Mohu si prohlédnout tento (tuto)...*
Could you show me...	*Mohla byste mi ukázat...*
Could you show me anything else?	*Mohla byste mi ukázat něco jiného?*
May I try it on?	*Mohu si to zkusit?*
Yes, I like it. No, I don't like it.	*Ano, líbí se mi to. Ne, nelíbí se mi to.*
I'll take this.	*Vezmu si toto.*
Don't you have anything cheaper?	*Nemáte něco levnějšího?*
I'd like something less expensive.	*Chtěl bych něco levnějšího.*
How much is it?	*Kolik to stojí?*
How much is it altogether?	*Kolik to stojí dohromady?*
How much are these books?	*Kolik stojí tyto knihy?*
Could you wrap it up?	*Mohla byste to zabalit?*
Can I use my credit card?	*Mohu použít svou kreditní kartu?*
May I have a bill, please?	*Mohu dostat účet, prosím?*
May I have a plastic bag, please?	*Mohu dostat plastikovou tašku, prosím?*

A na závěr několik užitečných frází, které Vám usnadní korespondenci týkající se významných životních událostí:

Blahopřání k narozeninám

Happy birthday!
It's a day to celebrate! Happy birthday.
Happy birthday and many more!
Hope today is a beautiful blend of your favorite things. Happy birthday.
May your birthday be sprinkled with happiness and touched by magic!
Wishing you a birthday that leaves you feeling happy all over!
With all good wishes for your birthday.
Wishing you a most magical birthday!
Wishing you health, happiness and all the goodness of life on your birthday and always.
Wishing you a day filled with joy and contentment. Happy birthday.
Bright and sunny birthday wishes especially for you!
May your birthday be filled with love and happiness!
Lucky is the world to have you in it. Happy birthday.
May all your birthday dreams come true.
May your day be full of sweet delight. Happy birthday.
I wish you all the love and happiness that you have brought to others. Happy birthday!
May today be just the beginning of a year of bright tomorrows. Happy birthday.
Best wishes on your birthday and everyday to come.

Přání k Vánocům a novému roku

We wish you a Merry Christmas and a Happy New Year.
Wishing you a very Merry Christmas
Wishing you all things merry and bright! Merry Christmas and a Happy New Year.
Wishing you a holiday trimmed in happiness! Merry Christmas.
May the peace and joy of Christmas be yours the whole year through.
Wishing you a beautiful holiday season and a New Year of peace and happiness.
Best Wishes for Christmas and the New Year from...

Přání k Velikonocům

Happy Easter! Hope it is filled with lots of fun surprises.
Wishing you all the little things that make Easter so special.
May your Easter Day be bright and beautiful!
Easter is a special time, when our hearts are filled with love and joy.
Wishing you a wonderful Easter.

Blahopřání ke svatbě

May your love last a lifetime. Congratulations!
And one day love comes... Congratulations to you both!
May all your dreams come true and the years you spend together all be happy ones for you!
May you have a wonderful marriage and be happy all life through.
Wishing you much happiness and love today and always.
Wishing you all the love and happiness a marriage can bring.
I was very glad to hear of your forthcoming marriage and wish you and your fiancée much happiness.

Blahopřání k narození dítěte

New life, new love. Congratulations on the birth of your beautiful new baby!
Now that your baby is here life never be the same and you will never want it to be!
Into some hearts love brings a little heaven. Congratulations.
New babies bring all the joy and sweetness of life into our hearts. Congratulations!
Congratulations! May you share many happy times with your new baby!
Being blessed with a baby is just the beginning of a wonderful journey filled with many special memories to treasure. Congratulations!

Blahopřání k absolvování vysoké školy

Congratulations on your graduation.
The world awaits you! Congratulations on your graduation.
Your graduation is the first step on your life's journey. Congratulations.
Your hard work will be the key to your success. Congratulations.
Congratulations on your graduation! Wishing you much happiness and success in the years ahead.

Congratulations on your graduation. Wishing you a world of wonderful opportunities.
Congratulations Graduate! What a happy day, we are all proud of you!

Blahopřání k výročí společného života

Wishing you both a very happy anniversary...
On your anniversary with many happy wishes for joy in your hearts.
Love is a beautiful thing! Happy anniversary.
With love on your anniversary..
Warm wishes for your happiness. Happy anniversary.
Much joy and love to you. Happy anniversary.
May your love together always grow in beauty. Happy anniversary.
A marriage like yours makes beautiful music. Happy anniversary.
Congratulations and every good wish for many more years of love and happiness.

Přání brzkého uzdravení

May you have quiet rest and lots of sunshine in your room. Hope you are feeling better soon.
Sending sunshine and smiles and bright cheerful wishes to help you feel better soon!
Dear..., take good care of yourself and get well soon!
We wish you a speedy recovery.

Vyjádření soustrasti

May the peace which surpasses all understanding be with you.
You have my deepest sympathy in your great loss.
We are deeply grieved to learn of the death of...and we all send you our deepest sympathy.
Please accept my very sincere condolences in your bereavement. You are constantly in my thoughts.

OBSAH:

Hledání práce...žádost o práci...životopis...pohovor...
Desatero při hledání práce 4
Průvodní dopis 5
Životopis 8
Přijímací pohovor 11

První setkání...jednání se zahraničním partnerem...
První kontakty 14
Modelové situace rozhovorů 19
Ustálená obchodní spojení a vazby 23

Obchodní jednání...rozhovory o trhu a obchodu...telefonický kontakt...
Obchod 30
Trh 31
Fráze používané při obchodním styku 32
Telefonování 41

Psaní obchodního dopisu...poptávka...
Obchodní dopis - brána do světa obchodu 43
Forma obchodního dopisu 44
Úprava dopisu 45
Poptávka 47

Odpověď na poptávku...nabídka nového zboží...
Odpovědi na poptávky 51
Nabídka 54

Uzavírání smlouvy...projednání platebních podmínek, cen, slev, daní...
Smlouva 59
Cena 60
Sleva z ceny 61
Daň 62
Platební podmínky 63
Placení směnkou 64

Objednávka zboží...dojednání termínů a dodacích podmínek...
Objednávka 65
Dodací termín, lhůta 69
Dodací podmínky 70

Dodávka...odeslání zboží...
    Dodávka 71
    Odesílací návěští 72

Vyřizování reklamace...
    Reklamace 76

Získání obchodního zástupce...projednání podpory prodeje a reklamy...rozšíření odbytiště o další státy...
    Korespondence s obchodním zástupcem 82
    Reklama 86
    Názvy států 87

Založení nové firmy...obchodní dokumenty...
    Obchodní společnosti a jejich orgány 88
    Dokumenty používané v zahraničním obchodě 93

Žádost o bankovní úvěr...pojištění zásilky...
    Banka 95
    Úvěr 96
    Pojištění 97

Účetnictví...účetní výkazy...
    Účetnictví 98
    Rozvaha 100
    Výsledovka 101

Odlet na veletrh...návštěva veletrhu...ubytování...nákupy...
    Letadlo 102
    Veletrh 104
    Hotel 105
    Restaurace 107
    Nákupy 108

A na závěr...
    Blahopřání, gratulace, soustrast 110

Poznámky:

Poznámky:

Poznámky:

Poznámky:

NABÍDKA TITULŮ NAKLADATELSTVÍ J&M

Kocínova 5/138, 397 01 Písek, tel./fax 0362 21 66 76
e-mail: jm@jm-pisek.cz
www.jm-pisek.cz

EDIČNÍ ŘADA „Brána do světa obchodu"

Odborné jazykové učebnice určené pracovníkům firem se zahraničním obchodem i studentům SŠ obchodního a manažerského zaměření

Měšťan, J.: **Německý obchodní dopis se vzorovými dopisy**
Měšťan, J.: **Německá obchodní konverzace**
Měšťan, J.: **Wirtschaftsdeutsch - Kein Problem !**

Měšťan, J.: **Anglický obchodní dopis se vzorovými dopisy**
Měšťan, J. - Nerlinger, S.: **Anglická obchodní konverzace**
Měšťan, J.: **Business English - No Problem !**

Cejnar, K. - Nalobinovi, T. a M.: **Ruský obchodní dopis se vzorovými dopisy**
Wágnerová, H: **Odborné zkratky v současné ruštině**

Měšťan, J. - Janout, M.: **Francouzský obchodní dopis se vzorovými dopisy**
Měšťan, J. - Janout, M. - Istre, J.: **Francouzská obchodní konverzace**

Měšťan, J. - Vlášková, P. - Vergani, S.: **Italský obchodní dopis se vzorovými dopisy**
Měšťan, J. - Linhartová, M.: **Italská obchodní konverzace**
Linhartová, M. - Bonafé, F. - Opálka, J.: **Italština - obchodní & právní**

EDIČNÍ ŘADA „Mladým jazykářům"

Doplňkové čtení určené žákům vyšších ročníků ZŠ a nižším ročníkům škol středních. Vhodné je i využití jako domácí četba. Ilustrováno. Zpracováno ve spolupráci s rodilými mluvčími a zahraničními partnery.

Měšťan, J. - Kral, P.: **Němčina za školou – 99+1 veselých příběhů**
Svobodová, H. - West, D.: **Angličtina za školou – 99+1 veselých příběhů**
Ťupová, I.: **Němčina se sluníčkem pro děti, mámy a táty**
Svobodová, H.: **Angličtina se sluníčkem pro děti, mámy a táty**

EDIČNÍ ŘADA „Učebnice"

Učebnice SŠ stroj. zaměření nebo jako dílenské příručky stroj. firem.
Slanař, V.: **Technické kreslení - pravidla pro tvorbu stroj. výkresů podle MN**
Slanař, V.: **Technické kreslení /2 - pravidla pro kreslení stroj. součástí podle MN**
Slanař, V.: **Technické kreslení /3 - sbírka konstrukčních cvičení**

EDIČNÍ ŘADA „Region"

Knihy píseckých autorů věnované městu Písek a jeho historii.
Ludvík, L. - Prášek, J.: **Písecké ulice, náměstí, samoty a komunikace**
Prášek, J.: **Písecké XX. století**
Prášek, J.: **Písecké 2. tisíciletí**

PUBLIKACE NAKLADATELSTVÍ J&M ŽÁDEJTE U SVÝCH KNIHKUPCŮ, DISTRIBUTORŮ NEBO NA ADRESE NAKLADATELSTVÍ